뇌가 편해지는
최고의 휴식법

일러두기 1

휴양: 편안히 쉬면서, 지치거나 병든 몸과 마음을 회복하고 활력을 찾음
휴식: 하던 일을 멈추고 잠깐 쉼
이 책은 잠깐의 휴식이 아닌 지친 몸과 마음을 회복하는 일상의 휴식에 초점을 맞추었습니다. 원서에는 이를 휴양이라고 표현하였으며 일손을 놓고 아예 쉬는 게 아니라 일상 속에서 취하는 휴식을 뜻합니다. 한국 출간서에는 휴식이라고 표현하였습니다.

일러두기 2

피하지방: 피부밑 지방의 전 용어이나, 익숙한 단어로 표기하였습니다. 여기서 피부밑은 뱃살, 가슴, 엉덩이, 허벅지 등을 가리킵니다.

뇌가 편해지는 최고의

휴식법

가토 히로아키 지음 | 김소영 옮김

休

빅마우스

머리말

업무 방식을 바꾸려는 움직임이 점점 활발해지는 요즘, 책상 앞에 오래 앉아 있는 사람이 인정받는 시대는 저물고 있습니다. 저 역시 정해진 시간 안에 얼마나 효율적으로 성과를 내는지가 관건이라는 사실을 절실히 느끼고 있습니다.

그런데 현실은 어떤가요? 일이 생각대로 풀리지 않아 결국 집에서도 늦은 밤까지 일과 씨름하고, 주말을 반납한 채 일에 매달립니다. 몸은 지칠 대로 지쳐 컨디션이 점점 무너집니다. 그런데도 쉬지 못하고 버티다 보면 상황은 악화됩니다. 최악의 경우, 일에 구멍이 생겨 결국 평가가 더 떨어지기도 하죠.

현대를 살아가는 사회인에게는 **전략적으로 쉬고 몸과 마음을 가다듬는 스킬**이 필요합니다.

20대 때는 어느 정도 욕심부려 일해도 어떻게든 굴러갑니다. 하지만 30대, 40대에는 제대로 된 휴식을 통해 업무 성과를 높여야 합니다.

사실 저도 제대로 쉴 줄 모르는 사람이었습니다. 의사로 일을 시작해 MBA(경영학 석사)를 취득했고, AI 의료기기 개발이나 온라인 진료 등 새로운 사업도 여러 개 추진했습니다. 그런데 일에 치여 바쁘게 일하다가 30대 후반이 되었을 때 문득 고민이 생기더군요.

- 너무 피곤해서 자고 일어나도 몸이 천근만근이다
- 출근했는데 벌써 힘들다
- 쉬는 날에는 하루 종일 소파와 한 몸이다
- 시간이 없으면 끼니는 대충 때우기 일쑤다

이런 고민을 해결하고자, 의사로서 최신 의학 지견을 응용하여 여러 번 시행착오를 반복하면서 자체적으로 효과적인 '**휴식**'을 추구해왔습니다. 그 결과, 휴식에 관한 노하우에 체계가 잡히면서 효과를 보기 시작했습니다. **수면의 질이 높아져 몸이 피로를 모르게 되니, 집중력을 유지하면서 일할 수 있게 되었죠.**

저는 수많은 경영인이나 사회인 들을 접하면서, 한때 제가 가졌던 고민을 똑같이 하는 이들이 적지 않다고 느꼈습니다. 그렇다면 제가 개인 주치의로서 휴식에 관한 상담을 한번 받아봐야겠다고 생각했어요.

이 책은 제가 직접 시험해보고, 또 사람들에게도 추천해 효과를 본 휴식 방법 100가지를 소개하고 있습니다.

몸이 제대로 휴식을 취하면, 생산성이 올라가서 지금보다 더 짧은 시간에 성과를 올릴 수 있습니다. 제가 조언을 드린 많은 사회인도 하나같이 공감한 부분이지요.

휴식을 실천하는 가장 큰 장점은 '**본인에게 투자할 시간을 늘릴 수 있다**'는 부분입니다.

먼저 지금까지 컨디션 불량으로 쉬었던 시간이 크게 줄어들어요. 몸이 지치기 전에 제대로 된 휴식을 취해서 '일을 못하게 되는 상황'을 미연에 방지하지요. 그래야 아침부터 맑은 머리로 일을 시작하고, 오후까지 그 집중력을 끌고 갈 수 있습니다. 결국에는 생산성이 오르는 효과를 보죠.

이 책에서는 수면, 입욕, 식사, 운동, 멘탈 등 장르에 맞는 휴식법을 정리했으며, 어디든 펼쳐서 읽어도 좋게 구성했습니다. 관심 있는 이야기를 먼저 읽으면서 자신에게 맞는 휴식을 찾아보세요.

가토 히로아키

CONTENTS

CHAPTER 03

식사로 몸의 컨디션을 조절하고 싶어요

식습관을 바꾸면 컨디션 불량을 막을 수 있다

CHAPTER 04

몸을 움직여 휴식의 질을 높이고 싶어요

작은 운동이 만드는 몸의 놀라운 변화

CHAPTER 05

마음을 다듬고 싶어요

바쁜 일상에도 스트레스를 이겨내는 노력

CHAPTER 08

운동으로 지치지 않는 몸을 만들고 싶어요

근력이 생기면 업무 퍼포먼스도 오른다

CHAPTER 09

눈의 피로와 두통을 케어하고 싶어요

생산성 저하의 주범! 골치 아픈 트러블에 대처하자

CHAPTER 10

생리의 고통을 케어하고 싶어요

생리는 '참는 것'이 아니다

PROLOGUE

프롤로그

익숙한 습관에 매몰되면
생산성이 떨어진다

001
나에게 맞는 휴식은 직접 부딪쳐보며 찾아라

'일이 너무 바빠 피로를 달고 살아요.'

'주말에 쉬어봤자 100% 충전하지 못하고 업무 효율도 떨어지네요.'

지금 이 책을 펼친 당신도 혹시 이런 고민을 하고 있나요? 예전의 제가 그랬답니다.

피로를 말끔히 씻어내고 다시 생산성을 올리려면 질 높은 휴식이 필요합니다. 하지만 **어떤 휴식이 가장 효과적인지는 사람마다 다릅니다.** 체질, 바쁜 패턴, 식사나 수면 같은 생활 습관은 사람마다 다르니까요. 그래서 자신에게 맞는 휴식을 찾는 일이 무엇보다 중요합니다.

같은 습관의 반복이 능사는 아니다

휴식은 습관에 스며들었을 때 비로소 위력을 발휘합니다. 물론 몸의 컨디션이 무너지기 시작하거나 피로가 극에 달했을 때는 일시적 휴식이 필요하죠. 그런데 대부분의 휴식은 일상처럼 반복되어야 몸과 마음이 정돈되고 일에도 다시 활력이 생깁니다.

그렇다면 당신은 다음 두 가지 중 어떤 방식으로 습관을 만들고 싶나요?

• 되도록 하나의 습관을 매일 꾸준히 이어가고 싶다
• 다양한 습관을 시도해보고 싶다

습관이란, 결국 매일 반복하는 것을 전제로 합니다. 그래서 많은 사람은 하나의 습관을 정착시키고 싶어 하죠. 하지만 자신에게 꼭 맞는 휴식을 찾고 싶다면, 오히려 **여러 습관을 시도해보는 것이 좋습니다.**

자신의 체질과 취향에 맞게 변형해도 좋다

입욕을 예로 들어볼게요. 편안한 마음으로 잠들기 위해서는 **잠자리에 들기 약 90분 전에 39~40℃ 정도의 미지근한 물에 15분가량 몸을 담그는 것**이 좋습니다. 이것은 여러 연구에서 입증된 사실입니다. 다시 말해, '과학이 뒷받침하는 입욕 휴식법'인 셈이지요.

그런데 누군가는 더 뜨거운 물을 좋아합니다. 하지만 너무 뜨거운 물에 몸을 담그면, 자율신경 중 교감신경이 활발해지면서 정신이 또렷해지고, 오히려 잠이 달아날 수도 있습니다. 그래도 저는 뜨거운 물을 좋아하는 사람에게 "과학적으로는 39~40℃가 가장 좋대요"라고 말하지 않습니다. 그 대신 '뜨거운 물이 좋다면, **41℃ 정도의 물에 10분 정도만 몸을 담가보실래요?**'라고 제안합니다. 입욕 시간을 조금만 줄이면 오히려 괜찮을 수도 있거든요. 이처럼 온도와 시간을 바꾸면서 다양하게 시도하다 보면, 자신에게 꼭 맞는 입욕법을 찾을 수 있습니다.

혹시 이런 생각이 들었나요?

'내가 고생해서 겨우 찾아낸 나만의 입욕법이니까, 매일 이대로만

하면 되겠지?'

아뇨, 조금 다른 문제입니다. 우리의 컨디션은 날마다 바뀌고, 바쁘면 피로도도 달라진답니다. 따라서 그날의 상태에 따라 유연하게 조절하는 것이 가장 이상적입니다.

이건 입욕에만 해당하지 않습니다. 수면, 식사, 운동처럼 온갖 일상적 상황에 두루 적용될 수 있어요. 그럼 지금부터 자신에게 맞는 휴식을 찾기 위해 어떤 시행착오를 거치고, 어떻게 조율해가면 좋을지 함께 풀어보기로 해요.

CHAPTER 01

꿀잠을 자고 싶어요

최상의 수면은
침대에 들어가기 전이 승부처

002
잠이 오지 않을 때는 침대에서 나와라

자려고 침대에 누웠는데 잠에 들지 못해 괜히 쫓기는 기분에 사로잡힐 때가 있습니다. 그럴수록 잠은 더 멀리 달아나 오히려 정신이 말똥말똥해지는 경험은 아마 누구나 해봤을 것입니다.

사실 잠이 오지 않을 때는 차라리 침대에서 벗어나는 것이 휴식의 질을 높여주는 의외의 지름길입니다.

몸은 피곤한데 잠이 오지 않는다?

어릴 적, 소풍 전날 마음이 설레 뒤척이거나 중요한 시험 전날 떨리는 마음에 잠을 설친 기억이 있나요? 어른이 되어서는 어땠나요? 다음날 중요한 발표를 앞둔 상황에서는 아무리 잠을 청해도 눈이 더 말똥말똥해지기도 합니다.

몸은 지칠 대로 지쳤는데 누워 있어도 잠이 오지 않는 경우는 더 곤욕입니다. 녹초가 될 때까지 일하고 들어와 '당장 누워서 자고 싶다!'는 마음이 굴뚝같은데, 이불 속에서도 자꾸만 업무 생각이 떠올라 잠이 오지 않을 때가 있습니다. 회사뿐만 아니라 개인적으로도 왠지 신경쓰이는 일이 있어 뜬눈으로 밤을 새우기도 합니다.

이럴 때는 일단 침대를 벗어나보세요. 도저히 잠이 오지 않을 때는 침대에서 나와 잠이 올 때까지 다른 장소에서 편하게 쉬는 것이 효과적입니다. 이것이 바로 수면 요법의 기본인 '자극 제어법'입니다.

기본적인 순서는 다음과 같습니다.

① 침대에서 나와, 되도록 침실이 아닌 다른 장소에 있는다
② 조명을 어둡게 하거나 거실 소파에서 편하게 쉰다
③ 스마트폰이나 텔레비전을 가급적 보지 않는다
④ 졸리다 싶으면 침실로 돌아간다. 그래도 잠이 오지 않으면 다시 침대에서 나와 같은 행동을 반복한다

잠이 오지 않는 밤,
침대에서 사부작거리면 오히려 잠이 달아난다

많은 사람이 잠이 오지 않으면 침대에 누운 채로 사부작사부작 뭔가를 자꾸 하려고 합니다. 스마트폰으로 SNS를 체크하고 영상을 보고…. 이러다 보면 잠이 오겠지 하는데, 오히려 잠이 달아나는 결과를 부를 뿐입니다. '004'에서도 설명하겠지만, 스마트폰을 통해 흘러나오는 온갖 콘텐츠는 뇌를 각성하게 만들어버려요.

그럼 아예 몸을 일으켜서 책을 읽거나 TV를 보는 건 어떻냐고요? 아쉽게도, 이 방법은 추천하지 않습니다. **잠이 오지 않을 때 침대에서 뭔가를 하려는 습관 자체가 좋지 않습니다.** 침대에서 스마트폰을 만지작거리거나 책을 읽고 TV를 보며 시간을 보내면, 뇌는 침대를 '수면 말고 다

른 일도 할 수 있는 공간'으로 인식합니다. 침대에서 수면 이외의 활동이 길어질수록, 뇌가 인식하는 **'침대와 수면의 연결고리'**는 점점 약해집니다. 그러면 침대에 누워도 몸은 '잠들 준비'를 쉽게 시작하지 않아요.

침대에서 수면 이외의 활동을 피하면, 뇌는 '침대와 수면의 연결고리'를 강하게 인식하기 때문에 침대에 눕기만 해도 자연스럽게 졸음이 옵니다.

잠이 오지 않아 조바심이 나는 마음도 이해합니다. 하지만 가끔씩 생기는 수면부족은 다음 날의 컨디션에 생각보다 큰 영향을 끼치지 않습니다. 저 역시 가끔 잠을 덜 잤다 싶은 날에는 어떻게든 잘 넘기고, 다음 날 푹 자서 몸을 회복시킵니다. 수면을 유연하게 받아들이는 자세가 오히려 양질의 수면을 만드는 지름길이지요.

003
베개와 침대를 맞추라

베개, 덮는 이불, 담요 등 침구가 수면에 미치는 영향은 이미 여러 연구를 통해 검증되었습니다. 그중에서도 '베개가 바뀌면 잠을 못 잔다'라는 말이 있을 만큼, 베개는 수면의 질에 특히 큰 영향을 주는 요소로 추측됩니다.

그래서인지 이것저것 따져가며 베개를 고르는 사람도 적지 않습니다. 백화점 전용 매장에서는 베개를 잘 아는 직원이 상담을 해주기도 하죠. 또한 잠이 잘 오지 않거나 얕은 잠을 잘 때 혹은 수면의 질이 좋지 않을 때는 **'베개가 안 맞나?'**라며 의문을 품는 사람도 있습니다. 자신에게 맞는 베개를 찾기 위해 이런저런 것을 써보기도 하고, 전문점을 찾아가 상담도 반복하죠.

하지만 기본 원칙만 확실하게 알고 있으면, 베개 선택은 그리 어렵지 않습니다. 다음 두 가지를 꼭 체크하세요.

- 옆으로 누웠을 때 이마-코-턱-가슴의 중앙이 일직선을 이룰 것
- 이마에서 가슴 중앙까지의 직선이 매트리스와 평행할 것

핵심은 뒤척이기 쉬운 베개를 고르는 것

옆으로 누웠을 때 이마에서 가슴 중앙까지 일직선이 되는 베개가 좋은 이유는 목에 부담을 주지 않고 호흡이 편하며, 자연스럽게 뒤척일 수 있기 때문입니다.

질 좋은 수면의 열쇠는 얼마나 잘 뒤척이느냐입니다. 건강한 사람은 하룻밤 동안 약 스무 번 정도 자세를 바꾼다고 합니다. 같은 자세로 오래 누워 있으면 혈류도 나빠지고 몸이 긴장해 근육과 관절도 편하게 쉴 수 없거든요. 즉, 좋은 베개는 곧 뒤척이기 편한 베개라고 할 수 있죠. 이 기본만 확실히 지킨다면, 베개의 푹신함이나 재질은 개인의 취향에 따라 골라도 무방합니다.

'나는 보통 똑바로 누워서 자는데, 옆으로 누웠을 때를 기준으로 베개를 골라도 되는가?'

이런 의문을 가질 수도 있겠네요. 사실 옆으로 누웠을 때를 기준으로 고른 베개는 천장을 보고 누웠을 때도 대부분 쾌적합니다. 수면 중에는 자신도 모르는 사이에 몸을 이리저리 뒤척이면서 여러 번 자세를 바꾸기 때문이지요. 따라서 옆으로 누웠을 때를 기준으로 베개를 선택하는 것이 가장 기본적이고 합리적이지 않을까 생각합니다.

얼마나 쾌적하게 느껴지는가, 자신의 감을 따르자

저는 부드러운 편에 속하는 저반발 베개를 즐겨 사용합니다. 그 베개가 자신에게 잘 맞는지는 아침에 일어났을 때 목과 어깨 상태를 보면 알 수 있습니다.

베개의 단단함 정도는 개인의 취향뿐 아니라 체격에도 영향을 받습니다. 또한 침대 매트리스와의 궁합도 중요합니다. 옆으로 누웠을 때 이마에서 가슴 중앙까지의 직선이 매트리스와 평행을 이루는 상태가 이상적이지요. 따라서 베개는 침대에 맞춰야 하며, 이 둘의 최적의 조합을 찾았을 때 수면의 질은 한층 높아집니다.

단, 여기서 소개한 베개 선택법은 어디까지나 하나의 이론적 기준일 뿐, 절대적 기준이 아닙니다. 알아두면 분명 도움되지만, 그렇다고 반드시 따를 필요는 없습니다. 이론상 완벽한 베개보다 **실제로 편하게 느껴지는 베개를 고르는 것**이 무엇보다 중요합니다.

결국 관건은 꿀잠을 자고 개운하게 눈을 뜨는 것입니다. 때로는 과학적 근거보다 자신의 몸이 느끼는 쾌적함을 믿어보세요.

004
새벽에 잠이 깨도 스마트폰을 보지 말아라

새벽에 잠에서 깬 뒤 다시 눈을 붙이려는데 좀처럼 잠이 오지 않을 때, 무심코 **스마트폰을 집어 들고 SNS나 뉴스를 확인하는 경우**가 많습니다. 하지만 이 행동이 뇌를 각성시켜 오히려 졸음을 쫓아버린다는 사실을 아시나요?

잘 알려져 있듯이, 스마트폰이나 PC 화면에서 나오는 **블루라이트**는 질 높은 수면에 반드시 필요한 호르몬인 **'멜라토닌'**의 분비를 억제합니다. 멜라토닌은 뇌의 솔방울샘에서 생성되는데, 밤이 깊어질수록 분비량이 늘어납니다.

멜라토닌 분비량이 늘면 몸이 이완되어 졸음을 느끼고, 이로 인해 몸은 자연스레 깊은 잠에 빠집니다. 그래서 **잠자리에 들기 1~2시간 전부터는 스마트폰이나 PC 사용을 피하는 것**이 바람직합니다. 방의 조명 역시 블루라이트가 많이 포함된 것보다는 따뜻한 색을 더 추천합니다.

수면 기능 혹은 나이트 시프트를 활용해라

자기 전에는 스마트폰을 아예 사용하지 말라는 요구는, 현대를 살아가는 우리에게는 너무 어려운 미션일 수 있습니다. 저도 밤에 잠이 오지 않으면 무심코 스마트폰으로 손이 간답니다.

블루라이트에 노출되는 것이 문제지만, 사실 그 영향은 그리 크지 않습니다. 진짜 문제는, **영상을 시청하거나 SNS로 교류하는 과정에서 뇌가 흥분한다**는 점입니다. 따라서 잠이 오지 않을 때는 어느 정도 제한을 걸어두고 스마트폰을 사용하는 습관이 꼭 필요합니다.

- '나이트 시프트' 기능을 활용해 화면 색상을 노란 계열로 바꿔 블루라이트를 줄인다
- 새벽에 눈을 떴는데 다시 잠들기 어렵다면 자극이 적은 '독서 앱'이나 '음악 앱' 정도만 사용한다

요즘 스마트폰은 예를 들어 '밤 10시부터 아침 7시까지 나이트 시프트를 자동으로 적용'하도록 설정 가능하니 기능을 활용해보세요.

물론, '밤 10시 이후 스마트폰 완전 금지'라는 규칙을 지킬 수 있다면 나무랄 게 없지요. 하지만 요즘은 개인차가 있지만 스마트폰 의존 증세를 보이는 사람들이 아주 많습니다. 그 사실을 자각한 상태에서 현명하게 공존하는 방법을 모색하는 것이 중요하겠지요.

멜라토닌의 사이클을 무너뜨리지 말자

멜라토닌은 흔히 '수면 호르몬'이라고 불리며, 몸의 수면 리듬 조절 역할을 합니다. 아침에 햇빛을 쬐면 멜라토닌 분비가 억제되고, 그때부터 **약 14~16시간 후** 다시 활발히 분비됩니다. 즉, 쉬는 날 늦잠을 자

서 햇빛을 늦게 쬐면, 멜라토닌이 만들어내는 수면 사이클이 흐트러지는 것입니다.

또한 멜라토닌은 비타민 C보다 더 강한 **항산화 작용**을 합니다. 체내의 활성 산소를 제거해 산화 스트레스를 완화시키고, 그 결과 세포의 노화를 늦추고 건강 수명을 늘릴 가능성이 있다고 추측됩니다. 이런 효과 때문에 미국 등에서는 멜라토닌 보충제가 흔히 판매되고 있습니다.

그 밖에도 낮 동안 분비되어 밤이 되면 멜라토닌으로 변환되는 '**세로토닌**' 호르몬 역시 수면의 질을 높이는 데 도움을 줍니다. 세로토닌은 아침 햇빛을 쬐거나 가벼운 운동, 스트레스를 줄이는 활동을 통해 증가합니다. 반대로 운동 부족이나 과도한 스트레스는 수면의 질을 떨어뜨립니다.

005
너무 뜨겁지 않은 물에 몸을 담가라

꿀잠을 위한 저녁 루틴으로는 취침 약 90분 전에 너무 뜨겁지 않은 **39~40℃의 물에 15분간 입욕**을 추천합니다. 여기에는 이유가 있습니다.

- 뜨거운 물에 몸을 담그면 자율신경이 자극되어 오히려 잠이 잘 오지 않는다
- 너무 뜨겁지 않은 물에 15분 정도 몸을 담그면, 체온이 올라갔다가 크게 떨어지기 때문에 졸음이 온다

이 두 가지 포인트에 대해 설명해드릴게요.

교감신경이 우위에 있으면 잠이 오지 않는다

우리 몸에는 호흡·소화 흡수·심박·체온 등을 제어해서 몸의 기능이 일정하게 유지되도록 도와주는 **'자율신경'**이 있으며, **'교감신경'**과 **'부교감신경'**으로 구성됩니다. 낮에는 몸과 마음이 활발히 움직일 수 있도록 교감신경이 우위에 올라와 흥분과 긴장을 유도합니다. 반대로 밤에는 몸과 마음이 휴식 상태로 들어갈 수 있도록 부교감신경이 우위에 올

라와 편안하게 만들어줍니다.

따라서 밤에 편안한 상태에서 잠에 들려면 부교감신경이 우위에 있어야 하는데, 뜨거운 물에 몸을 담그면 교감신경이 더 활발해지기 때문에 잠이 잘 오지 않는 것입니다.

39~40℃ 정도의 온수에 15분 정도만 몸을 담가도 충분히 따뜻해집니다. 이때 중요한 열쇠가 몸의 중심부(뇌 등) 온도인 **'심부체온'**입니다. 심부체온은 낮 동안 높게 유지되다가 취침 중에는 떨어집니다. 입욕을 통해 이 심부체온을 일시적으로 올리면, 그 후 체온이 크게 떨어지는 과정에서 자연스럽게 졸음이 찾아옵니다.

취침 전에는 손바닥과 발바닥을 통해 열을 발산하며 심부체온이 서서히 떨어집니다. 그런데 이때 양말을 신고 있으면 방열이 제대로 이루어지지 않아 체온 조절이 방해될 수 있습니다. 특히 겨울철에 발이 춥다고 양말을 신고 누우면, 오히려 쉽게 잠들지 못할 가능성이 있습니다.

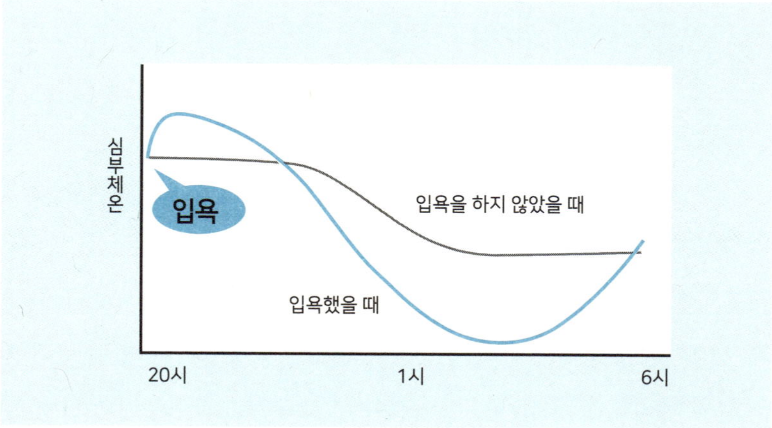

쉬는 날에는 뜨거운 물로 기분 전환을

한편, 뜨거운 물을 더 선호하는 사람도 많습니다. 사실 저 역시 뜨거운 물을 좋아하는 편이라 42℃ 정도의 온수에 목욕하면 몸이 개운해지는 느낌을 받습니다.

뜨거운 물에 들어가면 교감신경이 우위에 올라 잠이 달아날 수 있으니 주의가 필요합니다. 하지만 취침 90분 전보다 더 이른 시간이라면 약 42℃ 정도의 온수에 짧게 몸을 담그는 정도는 수면에 큰 영향은 주지 않을 것으로 보입니다. 저는 평일에 뜨거운 물에 들어가고 싶으면 시간을 조절하려고 노력합니다.

뜨거운 물을 좋아한다면, 평일에는 수면을 고려해 약간 낮은 온도로 입욕하고, **쉬는 날에는 온천이나 찜질방 등에 가는 것**도 좋습니다. 이처럼 상황에 맞게 목욕 습관을 조절하는 것이 바람직해 보입니다.

저는 온천에 간다면 아예 휴일에 맞춰 '오늘은 잠 좀 못 자도 상관없다'는 마음가짐으로 뜨거운 물에 들어가곤 합니다. 이렇게 호사를 누리고 나면 몸도 마음도 피로가 싹 날아갑니다. 무조건 뜨겁지 않은 물만 고집할 필요는 없으니, 여러 가능성을 열어두세요.

길게 보면, 이렇게 기분 전환을 적절히 누리는 습관이 양질의 수면에 도움을 줄 것입니다.

006

잠자기 전의 루틴을 만들어라

잠자기 전 반복하는 '나만의 **루틴**'을 만들어놓으면, 항상 정해진 시간에 자연스럽게 잠들 수 있습니다. 그러려면 자신에게 맞는 루틴을 찾아내는 것이 중요하겠지요.

예컨대 잠자리에 들기 전 **스트레칭**을 하거나, 다음 날의 **준비물**을 미리 챙기거나, **일기**를 쓰거나, **따뜻한 우유**를 한 잔 마시는 것도 좋은 습관입니다. 긴장을 풀어주는 습관이라면 무엇이든 좋습니다. 다양하게 시도해보아 나만의 루틴을 만드세요.

저녁 식사는 잠자리에 들기 3시간 전에 끝내라

여기서는 제가 실제로 실천하고 있는 저녁 루틴을 소개하겠습니다.

- 저녁 식사는 취침 3시간 전까지 마친다
- 잠자기 90분 전에 입욕을 한다
- 욕조에 15분 정도 몸을 담근다
- 입욕을 마친 뒤에는 스마트폰을 보는 대신 따뜻한 조명을 켠 방에서 가족과 도란도란 이야기를 나누며 시간을 보낸다

• 잠자기 전에 다음 날의 스케줄 또는 할 일을 종이에 적는다

저는 항상 새벽 한 시쯤 잠자리에 들기 때문에 늦어도 **밤 10시까지는 저녁 식사를 마치려고** 노력합니다. 물론 일이 바쁘거나 회식이 길어지는 날에는 지키기 어렵지만요.

욕조에 15분 정도 몸을 담그고 나면, 몸이 따뜻해졌다가 체온이 떨어지기 때문에 입욕을 마치고 90분 정도 지나면 자연스럽게 졸음이 찾아오는 느낌이 듭니다.

예전에는 방 조명으로 주광색을 선호했지만, 지금은 블루라이트가 적고 부드러우며 **따뜻한 색감의 조명**이 훨씬 편안하게 느껴집니다.

침대에 누워도 이런저런 생각이 떠올라 잠이 잘 오지 않을 때가 있습니다. 그럴 때는 다음 날의 스케줄이나 할 일을 종이에 적어보세요. 머릿속이 정리되면서 마음이 점점 차분해질 겁니다. 종이에 적는 행위는 머릿속에서 생각이 꼬리에 꼬리를 무는 이른바 '**순환 사고**'를 멈추게 하는 효과가 있거든요.

완벽한 루틴을 완성하는 것보다 중요한 것은 꾸준히 실천할 수 있는 작은 습관을 찾는 일입니다. 다양하게 시도해보면서 나만의 루틴을 찾아보세요.

007

잠이 부족해도 낮잠은 금물

눈코 뜰 새 없이 바쁜 일상에서 수면이 부족할 때, '모자란 잠은 낮잠으로 채워야겠다'라고 생각하기 쉽습니다. 하지만 이런 방식은 오히려 수면의 질을 떨어뜨리는 결과로 이어집니다. **잠이 부족하더라도 낮잠은 금물**, 이것이 기본 원칙입니다.

낮에 30분 이상 누워서 잠을 자면, **깊은 수면**에 들어가게 됩니다. 그러면 잠에서 깬 후 뇌가 다시 가동할 때까지 시간이 걸리기 때문에 곧바로 일 모드로 들어가기가 어렵습니다. 또한 낮에 깊은 수면을 취하면, 막상 밤에 잠이 잘 오지 않을 가능성이 있습니다.

따라서 일을 하는 평일에는 밤 수면에 영향을 주지 않도록 짧게 곁잠 자는 것을 추천합니다. 시간으로 따지면 **10~20분 정도**가 적당합니다. 이 정도면 깊은 수면에 들어가지 않고, '잠깐 꾸벅꾸벅 조는 수준'에서 머물 수 있으니까요.

눕지 말고 의자에 앉아 곁잠을 자라

곁잠을 어떻게 자야 하는지, 구체적으로 비결을 알려드리겠습니다.

제가 실천하고 있는 방법은 '의자에서 잠깐 눈 붙이기', 일명 '의자 곁잠법'입니다.

- 점심 식사 후 이른 오후 시간대에 짧은 곁잠을 잔다
- 휴게실이나 자신의 자리에서, 의자에 깊숙이 앉아 목이 앞으로 쏠리지 않도록 목 받침이나 벽에 머리를 기댄다. 혹은 팔을 책상 위에 올리고 엎드린 자세로 잠시 눈을 붙인다. 이때 신발은 벗지 않는다
- 잠에 들기까지 약 3분 정도 걸릴 것으로 계산해서, 타이머는 13분으로 설정한다

점심을 먹고 나면 곧바로 졸음과 싸우는 사람이 많습니다. 이 타이밍에 잠시 곁잠을 자두면, 졸음이 가시고 뇌가 재충전되어 오후의 업무 효율이 올라갑니다. 곁잠은 아예 눕는 것이 아니므로 깊은 수면에 들어가기 어렵고, 일어났을 때 느껴지는 수면 관성(졸린 상태에서 벗어나지 못하는 것, 노곤함)도 줄어듭니다. **신발을 벗지 않는 것**도 중요 포인트인데, 뇌에 '그냥 잠깐 쉬는 거야'라는 암시를 줄 수 있습니다.

곁잠을 자기 전에 커피를 한 잔 마시는 것도 좋은 방법입니다. 카페인이 효과를 발휘하기까지는 시간이 조금 걸리기 때문에 잠에서 깨어날 즈음 머리가 한결 개운해질 거예요.

008
몸을 자유롭게 뒤척일 수 있는 침대에서 자라

건강한 사람은 **하룻밤 동안 스무 번 이상 몸을 뒤척인다**고 알려져 있습니다. 무리하지 않고 잠자는 자세를 바꿀 수 있는 환경을 만드는 것이 꿀잠을 위한 필수 조건입니다.

몸을 뒤척이면 '**체압 분산**'과 '**체온 조절**'이라는 두 가지 효과가 있습니다. 같은 자세로 계속 누워 있으면, 침대와 맞닿는 부위가 자신의 체중에 지속적으로 압박을 받기 때문에 주기적으로 몸의 방향을 바꿔줄 필요가 있습니다. 또한 몸을 뒤척일 때 이불 속 공기가 섞이면서 몸의 표면에서 방열이 일어나고, 그 과정에서 체온이 자연스럽게 조절됩니다.

반대로, 몸을 충분히 뒤척이지 못하면 혈류가 나빠지거나 체온 조절이 제대로 이루어지지 않아 몸에 열이 오릅니다. 그러면 취침 중 얕은 잠을 자게 되거나 쉽게 잠에서 깨어나는 현상이 나타날 수 있지요.

넓은 침대에서 잠을 더 푹 잘 수 있는 이유

새벽에 자꾸 잠이 깬다면, 현재 몸을 자유롭게 뒤척일 수 있는 환경에서 자고 있는지 점검해보세요.

넓은 침대에서 자면 잠을 더 개운하게 잤다는 느낌이 드는 이유는 몸을 자유롭게 뒤척일 수 있을 만큼 공간이 충분하기 때문입니다. **가족이나 반려동물**과 함께 침대에서 자는 경우에는 그만큼 공간이 좁습니다. 만약 심각한 수면부족에 시달리고 있다면, 혼자서 자는 게 더 도움될 수도 있습니다.

또한 덮는 이불이 너무 무거우면 자세를 바꾸기가 어려워지므로 가볍고 보온성 좋은 **오리털 이불**이 이상적입니다. 다만 무거운 이불을 덮어야 안심하고 자는 사람도 있으니, 이 부분은 개인의 취향도 고려하세요.

잠잘 때의 복장으로는 **잠옷**을 추천합니다. 취침 중에 몸을 조이지 않아 부담을 주지 않기 때문에 자유롭게 몸을 뒤척일 수 있습니다. 최근에는 특수 섬유를 사용해 혈류를 촉진하는 '리커버리 웨어'도 판매되고 있죠. 혈류가 원활해지면 하루 동안 쌓인 피로물질이 효과적으로 제거되어 근육 회복이 빨라진다고 합니다.

가족이나 반려동물이 곁에 있는 든든함도 버리기 어렵다

몸을 자유롭게 뒤척일 공간을 확보하는 것이 기본이지만, 사실 저 역시 가족과 한 침대에서 종종 잠을 잡니다. **두세 살짜리 아이들**이 같이 자자며 찾아오거든요. 아이들과 함께 자면 마음껏 몸을 뒤척이기가 어렵지만, 아이들이 아직 어리니 결국 한때일 뿐이죠. 그래서 저는 이 시기에만 누릴 수 있는 행복이라 생각하며 가능한 한 즐기려고 합니다. 물론 몸이 피곤하거나 다음 날 일정에 영향을 줄 것 같을 때는 아이들 방

침대로 데려가 재우기도 해요.

아이들이나 반려자, 반려동물과 함께 자는 경우, 수면의 질을 놓고 보면 분명 문제가 있을 수 있습니다. 하지만 **안정감을 느낀다는 점에서 정서적으로 좋은 영향**을 주는 경우도 분명히 있을 것입니다. 완벽한 수면보다 가족과 함께 보내는 시간이 더 소중한 시기가 인생에 있어도 좋겠죠?

그런데 아이들이 성장하고 본인도 나이가 들어 새벽에 자꾸 깨는 일이 늘어난다면, 이제는 침대를 혼자 쓰는 것이 나을 수 있습니다. 나이가 들수록 수면 구조가 변화해 잠이 얕아지는 경향은 이미 잘 알려진 사실이니까요. 상황에 따라서는 부부가 침실을 따로 사용하는 것도 좋은 선택일 수 있습니다.

009
밤술을 멀리해라

자기 전에 술을 마시면 잠이 잘 온다고 느끼는 분들도 있습니다. 하지만 자기 전에 마시는 술, 즉 **밤술은 질 좋은 수면을 방해하는 '천적'**이라고 봅니다. 바로 다음과 같은 이유들 때문입니다.

- 자기 전에 술을 마시면 금방 깊은 잠에 빠지지만, 서너 시간쯤 지나면 쉽게 잠이 깬다.
- 매일 밤 자기 전에 술을 마시면, 잠들기 위해 필요한 음주량이 늘어난다.

밤에 술을 마시면 잠이 잘 오고 곧바로 깊은 수면에 들어가는 것은 사실입니다. 하지만 3~4시간이 지나면 잠에서 깨어나는 **리바운드 현상**이 일어납니다. 이렇게 자기 직전에 마신 알코올이 수면의 질을 떨어뜨린다는 사실은 의학적으로도 밝혀졌습니다.

술의 힘을 빌려 잠드는 것이 좋지 않은 이유는 또 있습니다. 바로 **마시는 술의 양이 점점 늘어난다는 사실**입니다. 매일 밤 자기 전에 술을 마시면, 졸음이 오기까지 필요한 음주량이 서서히 늘어나게 되고, 경우에 따라서는 알코올 중독으로 이어질 위험도 있습니다. 스트레스 때문에 술을 마셔야 잠을 잘 수 있다면 다른 잠자리 루틴 만들기를 추천합니다.

알코올이 거의 분해된 상태에서 잠에 들자

술을 마시더라도 **취침 3시간 전까지는 마무리하는 것**이 이상적입니다. 그리하면 알코올이 거의 분해된 상태에서 잠에 들 수 있어요. 특히 스스로 술이 약하다고 느끼는 분들은 알코올 분해 능력이 낮다는 점을 감안해 더 일찍 술자리를 정리하는 편이 무난할 수 있습니다.

그럼에도 회식이나 모임 등으로 늦게까지 술을 마셔야 한다면, 휴일 전날로 제한하는 것이 좋습니다. 다음 날 일을 해야 한다면, 회식 자리더라도 **중간부터는 일반 음료로 바꾸세요**. 그러면 수면에 영향을 덜 받으니까요.

그렇다면, 취침 3시간 전에는 무조건 술을 마시지 말아야 할까요? 꼭 그런 건 아니라고 생각합니다. 술을 마시는 이유에 따라, **잘만 활용하면 알코올을 즐기는 것도 괜찮겠죠**? 저는 아내와 함께 밤에 술 한잔하는 시간이 정말 소중합니다. 특히 평일에는 서로 바빠 대화를 나누기 어려운 만큼, 밤에 마주 앉아 술 한잔 기울이며 이야기하는 그 시간이 저에게는 매우 특별합니다.

이처럼 가족과 소통을 나눌 때, 술이 즐거움을 더해주는 경우가 있습니다.

맺고 끊음을 확실히 하면서 술을 즐기자

다만 평일에 늦은 시간까지 술을 마셔야 하는 상황이라면, 다음 날에 미치는 영향을 최대한 줄이기 위해 관리가 필요합니다. 마시는 양을 조절하고, 수분을 충분히 보충하며, 되도록 일찍 술자리를 마무리하는 것이 비결이지요.

술을 좋아해 밤술을 날마다 손꼽아 기다리는 분도 있을 겁니다. '**술을 마셔야 하루가 마무리되는 것 같다**'는 마음도 이해합니다. '수면의 질'과 '술의 즐거움'을 저울에 올려놓았을 때, 가끔은 술의 즐거움을 우선시하는 날이 있어도 괜찮습니다. 중요한 것은 맺고 끊음을 확실히 지키며 즐기는 자세입니다. 이런 모습이 현실적인 접근이겠죠?

010

침실의 온도와 습도를 일정하게 유지해라

질 좋은 수면을 위해서 침실 환경이 매우 중요합니다. 그중에서도 특히 신경써야 할 부분이 바로 온도, 습도, 조명입니다.

이상적인 침실 환경은 이렇게 정리할 수 있습니다.

- 온도: 18~22℃
- 습도: 40~60%
- 조명: 취침 중에는 가급적 어둡게 유지하기

온도와 습도는 계절의 영향을 많이 받습니다. 그런데 최대한 이상적인 상태로 유지하면 휴식 효과는 한층 더 높아집니다.

에어컨으로 실내 온도를 쾌적하게

수면 중에는 **체온이 약 0.5℃ 떨어집니다**. 따라서 실내 온도를 18~22℃로 유지하면, 체온 저하가 원활하게 이루어져 더 깊고 안정된 수면을 취할 수 있습니다.

한여름 밤 더운 시기에는 열사병을 예방하기 위해 에어컨을 사용하지만, 설정 온도와 실제 실내 온도는 반드시 일치하지 않습니다. 따라서 침실에 온도계를 두어 실온을 직접 확인하며 조절하는 것이 좋습니다.

겨울철에도 에어컨을 활용하는 것이 도움됩니다. 침실이 지나치게 추우면 새벽에 일찍 잠이 깨니까요. 이때 추위에 대항하기 위해 교감신경이 우위에 있게 되면서 혈압도 같이 올라갑니다. 따라서 **추운 날에도 침실 온도가 18℃ 이하로 떨어지지 않도록 조절하는 것**이 바람직합니다.

또한 실내 온도가 적당하면 기도가 건조해지는 것을 막아 호흡이 편안한데, 에어컨을 틀면 공기가 건조해집니다. 따라서 건조함이 신경쓰인다면, 겨울은 물론 여름에도 **가습기**를 함께 사용하는 것이 좋습니다. 최근에는 가습 기능이 포함된 에어컨이나 **공기청정기**가 출시되고 있습니다. 특히 침실은 이불에서 발생하는 먼지가 많으므로 공기청정기를 함께 사용하는 것을 추천합니다.

침실 조명은 전구색으로

잠을 잘 때는 침실을 **컴컴한 상태**로 유지하는 것이 이상적입니다. 최대한 어두워야 깊은 수면을 취한다는 연구 보고도 있으니까요. 불빛이 있어야 잠을 잘 수 있는 분들은 최대한 약한 조명으로 하되, 흰 빛보다는 **따뜻한 오렌지빛의 전구색**을 써보세요.

또한 잠들기 전 침실에서 시간을 보낼 때도 전구색 조명을 사용하는 것을 추천합니다. 오렌지빛은 교감신경을 자극하지 않아 자연스럽게 졸음이 찾아오도록 도와주니까요.

반대로 아침에는 햇빛을 쬐면 잠이 깹니다. 침대에서 일어나면 커튼을 활짝 열어 아침 햇살을 듬뿍 받아보세요. 그러면 뇌에서 **세로토닌**이라는 물질이 분비되어 상쾌하게 눈이 떠집니다. 아침에 생성된 세로토닌은 밤이 되면 **멜라토닌**으로 변환되어 자연스러운 졸음을 유도합니다.

이상적인 수면 사이클을 유지하기 위해서라도 침실 환경을 잘 갖춰보세요.

CHAPTER 02

목욕으로 피로를 풀고 싶어요

영리한 입욕으로 뇌의 피로를 풀어라

011
너무 오래 몸을 담그지 마라

목욕이 주는 피로 회복 효과는 생각보다 훨씬 더 높게 평가받아야 합니다. 바쁘다는 이유로 샤워만 하는 사람들도 많은데, 입욕을 잘 활용해서 피로를 풀면 높은 퍼포먼스를 유지할 수 있답니다.

입욕할 때는 **'005'**에서 설명했듯이, 너무 뜨겁지 않은 **39~40℃의 물에 15분 정도 몸 담그기**를 추천합니다. 이 정도면 몸이 충분히 데워지면서 자연스럽게 졸음이 찾아옵니다.

이때 딱 '15분'만 몸을 담근다는 점이 아주 중요합니다. 더 오래 몸을 담가도 되는 **'반신욕'**이 몸에 더 좋다는 인식도 있는데, 피로 회복을 우선으로 생각한다면 15분 전신욕이 더 적합합니다.

전신욕을 하면 피로가 더 잘 풀린다

반신욕은 보통 물의 온도를 37~39℃로 맞추고, 명치 부근까지 물을 받아 30~40분 정도 몸을 담그는 방식입니다. 다이어트를 목적으로 반신욕을 하는 사람도 있지요.

하지만 최근에는 전신욕이 반신욕보다 몸을 더 효과적으로 덥혀주기 때문에 결과적으로 피로 회복 목적에 어울린다는 의견이 많습니다.

따라서 평일처럼 빠르게 피로를 풀고 다음 날을 준비해야 할 상황이라면, 전신욕을 추천합니다.

반신욕만으로도 충분하다고 느껴진다면, 시간적 여유가 있는 휴일에 재충전 목적으로 반신욕을 즐기는 것도 좋은 방법입니다.

반신욕을 하면 땀이 많이 나기 때문에 다이어트 효과가 있는 것처럼 느껴집니다. 반신욕을 통해 일시적으로 체중이 줄어들 수도 있는데, 그것은 체내 수분이 빠져나갔기 때문입니다. 물만 마셔도 체중은 금방 돌아오기 때문에 반신욕만으로는 다이어트 효과를 기대하기 어렵습니다.

또한 욕조에 오랜 시간 몸을 담그고 있으면, **피부 보습 성분이 씻겨 나갑니다**. 장시간 입욕을 즐기는 습관이 있는 분들은 오히려 피부 건조가 생길 가능성도 있습니다. 따라서 물속에 오래 몸을 담그고 있었다면, 목욕 후에는 온몸에 충분한 보습을 해줄 필요가 있습니다.

012

목욕 시간을 '나만의 시간'으로 만들어라

피로 회복 효과만 놓고 본다면, 앞서 여러 번 강조했듯이 목욕은 39~40℃의 물에 약 15분간 몸을 담그는 것이 이상적입니다.

'15분'은 바쁜 현대인들이 어느 정도 여유를 가질 수 있는 시간이 아닐까요? 그만큼 이 시간을 잘 활용하지 않으면 아까운 느낌이 듭니다. 이 15분을 일과 관련된 정보 수집이나 공부에 쓰자는 말이 아닙니다. 그러면 마음이 안식을 얻지 못하고 오히려 역효과 가능성이 있으니까요.

입욕하는 15분 동안을 온전히 **'나만의 시간'**으로 사용하면, 정신적으로 여유가 생길 거예요. 태블릿으로 가벼운 영상을 보거나 마음에 드는 음악을 듣거나 책을 읽는 등 좋아하는 일을 해보세요. 이렇게 쉬어가는 시간을 가지는 것만으로도 정신적인 재충전에 큰 도움이 될 것입니다.

일상의 일거리에서 해방된다

일을 하지 않는 시간에도 현대인은 집안일이며 육아 등 할 일이 산더미입니다. 저 역시 두 살과 세 살배기 아이가 있어 집안일과 육아로 할 일이 매일 넘쳐납니다. 하지만 입욕 때만큼은 아이를 돌보는 일에서 벗어나 온전히 나만의 시간을 보낼 수 있습니다.

입욕을 하면서 가볍게 스트레칭하는 것도 좋습니다. 허리를 비틀거나 어깨를 돌리고 목을 살살 돌리면서 풀어주는 것만으로도 요통이나 어깨결림 완화 및 예방에 도움이 됩니다.

또한 욕조에 몸을 담그는 동안에는 태블릿으로 동영상을 보는 것도 적당한 재충전이 될 수 있으니 좋다고 봅니다. 태블릿으로 유튜브 영상을 보거나 잡지를 읽는 시간은 그야말로 소중한 나만의 휴식이 됩니다.

저는 아침 목욕 시간에 그날 무슨 일을 할지 천천히 생각하며 마음을 차분히 가라앉히도록 하고 있습니다. 그 일이 활기찬 하루의 시작을 알리는 루틴이 되는 것이지요.

013

아침 목욕으로 몸을 덥혀라

아침에 목욕하는 습관을 가진 사람도 있습니다. 그렇다면 목욕은 아침과 저녁 중 언제 하는 것이 더 좋을까요? 이는 개인의 취향에 따라 달라질 수 있으며, 둘 다 괜찮습니다.

아침 목욕의 가장 큰 장점은 몸을 따뜻하게 덥히니 잠이 빠르게 깨고 **신체 리듬이 활동 모드로 전환된다**는 점입니다. 아침에 머리가 잘 돌아가지 않거나 몸이 노곤하게 느껴진다면, 목욕으로 재빨리 몸을 따뜻하게 데우는 것을 추천합니다.

욕조에 몸을 담그면 오전 동안 잠이 올 수도

단, 아침 목욕을 할 때는 **욕조에 몸을 담글지 샤워만 하고 마칠지**, 본인에게 어떤 방식이 잘 맞는지를 확인해야 합니다.

- 욕조에 몸을 담그면 짧은 시간 내에 몸이 금방 따뜻해지는데, 그 후에 졸음이 몰려올 가능성이 있다
- 입욕 후 졸음이 심하게 오는 편이라면, 아침에는 샤워만 하고 마무리하는 방식이 더 좋다

그렇다면 왜 아침에 입욕을 하면 졸음이 찾아올까요?

'005'에서도 설명했듯이, 욕조에 몸을 담그면 심부체온이 일시적으로 상승했다가 그 후 떨어집니다. 심부체온이 떨어지는 타이밍에 자연스럽게 잠이 오는 것이지요. 밤에는 취침 90분 전에 입욕하면, 마침 잘 시간에 맞춰 졸음이 자연스럽게 찾아옵니다. 반면 아침부터 입욕을 제대로 하면, 오전 근무 시간대에 졸릴 수도 있습니다.

욕조에서 그날의 계획을 세우자

욕조에 몸을 담갔다가 오전 중에 졸음이 온다면, 이론적으로 아침에는 샤워만 하고 끝내는 것이 이상적입니다. 하지만 그렇다고 해서 아침에 입욕을 아예 금하라는 뜻은 아닙니다. 사실 저 역시 아침 입욕을 즐기는 편이에요. 특히 저는 체질적으로 입욕 후에 졸음을 별로 느끼지 않는답니다. 욕조에 몸을 담그는 시간을 좋아하기 때문에 아침에 시간이 허락된다면 꼭 입욕을 하고 싶습니다.

제가 느끼는 아침 입욕의 장점은 이렇습니다.

- 몸과 마음의 상태를 정돈하고 하루 일과를 시작할 수 있다
- 욕조에 몸을 담그는 동안 그날의 계획을 세울 수 있다

입욕 후 찾아오는 졸음의 정도는 사람마다 다릅니다. 또한 그날의 컨디션에 따라서도 몸의 반응이 달라질 수 있습니다.

평소에는 입욕 후 졸음을 느끼기 쉬운 사람이라도, '오늘은 오전부터 일에 집중하고 싶은데 머리가 영 개운하지 않네' 싶은 날이 있다면 **42℃ 정도로 물의 온도를 살짝 더 높이고 짧은 시간 몸을 담그는 방법**을 써보세요. 이런 방식 역시 아침 목욕의 활용법으로 충분히 가능하다고 생각합니다. 결국 상황을 보면서 본인에게 잘 맞는 목욕 습관을 찾는 것이 중요합니다.

014
사우나로 뇌의 피로를 풀어라

최근 사우나를 즐기는 사람들이 크게 늘고 있습니다. 단순한 재충전 효과뿐 아니라, 건강에 긍정적인 영향을 준다는 연구 결과도 계속 발표되고 있지요.

저는 약 5년 전 사우나의 매력에 눈을 떴습니다. 처음에는 동료의 권유로 마지못해 따라갔는데, 막상 체험해보니 신기하게 푹 빠져서 지금도 주말이면 꾸준히 사우나에 다니고 있습니다.

사우나는 보통 이런 순서로 즐깁니다.

① 온도와 습도를 높게 설정한 실내에서 몸을 데워 땀을 뺀다
② 샤워로 땀을 씻고, 시원한 물에 들어가 몸을 식힌다
③ 바깥 공기를 쐬며 휴식한다

이 세 단계를 반복하면, 몸과 마음이 최상의 컨디션으로 느껴지는 '**도토노우**(ととのう, 일본에서 최근 사우나 열풍으로 많이 쓰이는 단어. '정돈되다, 정화되다'의 뜻이며 사우나 후에 찾아오는 개운함과 안정감 등 다양한 감정을 표현할 때 쓴다)' 상태가 찾아옵니다.

처음으로 도토노우라는 감각을 느꼈을 때의 뇌와 몸의 해방감은 매

우 인상적이었습니다. 도토노우 상태를 느끼고 나면 사우나 후에는 **깊은 수면**을 취할 수 있고, 다음 날 아침에 눈을 떴을 때도 머리가 개운합니다.

도토노우의 회복 효과

사우나의 매력은 '적당한 스트레스'와 '그 후에 찾아오는 해방감'이 균형을 이룬다는 점입니다.

사우나를 하는 고온 환경에서는 체내에서 **아드레날린** 같은 스트레스 호르몬이 분비됩니다. 이에 심박과 혈압이 상승하고, 자율신경계에서는 **교감신경**이 우위에 오릅니다. 반대로 바깥 공기를 쐬며 휴식을 취하는 단계에서는 부교감신경이 우위로 전환되며 몸이 이완됩니다. 도토노우 상태에서는 몸이 이완되어 편안하면서 머리는 맑게 깬 감각에 젖는 것입니다. 이러한 과정을 통해 높은 회복 효과를 얻을 수 있다고 추정됩니다. 정기적으로 사우나를 통해 도토노우 상태를 경험한다면, 뇌

가 개운해져 일의 퍼포먼스에도 긍정적인 영향을 기대할 수 있습니다.

또 다른 효과는 혈액순환 촉진입니다. 사우나에 들어가면 체온과 혈압이 상승하면서 **혈관이 팽창**합니다. 뜨거운 물에 들어갔을 때나 온천에 몸을 담갔을 때와 비슷하지만, 그 후에 **냉탕**에 몸을 담그면 이번에는 **혈관이 수축**합니다. 즉, 혈관이 확장과 수축을 반복하는 과정에서 혈류가 활발해지는 효과가 생기지요. 혈액순환이 좋아지면 어깨결림이나 요통의 개선에 도움되고, 심혈관질환이나 호흡기질환 등의 위험을 줄일 수 있다는 연구 결과도 있습니다.

심장질환자는 주의가 필요하다

한편, 사우나와 냉탕을 반복하면 일어나는 급격한 온도 변화는 몸에 큰 부담을 주기도 합니다. 흔히 **히트 쇼크** 현상으로, 심한 경우 생명도 위협하죠.

따라서 사우나를 삼가야 하는 사람도 있습니다. 혈관이 확장과 수축을 반복하기 때문에 이미 혈관 기능이 저하된 사람, 예를 들어 '동맥경화'가 진행된 분들이 그렇습니다. 또한 심근경색이나 협심증 등 심장질환을 겪은 적 있는 분들에게도 사우나는 적합하지 않습니다.

실제로 사우나에서 실신해 구급차에 실려 가는 사례도 있습니다. 걱정스럽다면, 주치의와 상의하세요.

015
집에서 냉온욕을 해라

뜨거운 사우나와 차가운 냉탕을 오가며 도토노우 상태를 체험하는 것과 비슷한 피로 회복법이 바로 **'냉온욕'**입니다. 최근에는 많은 운동선수가 냉온욕을 활용해 피로를 풀고, 동시에 경기력 향상을 도모합니다.

냉온욕을 하려면, 욕조를 두 개 준비해 뜨거운 물과 찬물을 각각 채워 번갈아 들어갑니다. 냉온욕 역시 사우나와 마찬가지로 **혈관의 확장과 수축**을 반복하면서 혈액순환이 좋아지고, 온도 차에 노출되기 때문에 **자율신경**의 활동 개선 효과도 기대할 수 있습니다.

냉온욕은 조금만 응용하면 집에서도 충분히 가능합니다. '간편 사우나 체험'에 가까워 피로 회복에도 도움이 되니, 꼭 시도해보세요. 욕조가 두 개인 집은 흔치 않을 테니, 냉탕 대신 **찬물 샤워**를 활용하면 됩니다. 방법은 다음과 같습니다.

① 41℃ 정도의 뜨거운 물에 2분간 몸을 담근다

② 찬물 샤워를 20초 정도 한다

③ 이 사이클을 3회 정도 반복한다

찬물 샤워는 발부터

찬물 샤워를 할 때는 **샤워기를 발에 먼저 대고, 그 후 천천히 상반신 쪽으로 이동**하는 방식을 추천합니다. 이렇게 하면 심장이나 혈관의 부담을 줄일 수 있어요. 그런데 저는 가끔 머리부터 찬물을 끼얹을 때도 있습니다. 사우나를 하고 나서 찬물에 뛰어드는 것을 좋아하는 분들은 머리부터 찬물 샤워를 했을 때 더 상쾌하게 느낄 수도 있습니다.

단, 심장질환이 있는 분이나 고령자 들은 주의가 필요합니다. 집에서 냉온욕을 시도해도 괜찮은지 주치의에게 확인하고, 괜찮다는 답을 들었어도 찬물은 발에만 가볍게 끼얹는 정도로 마무리하는 것이 안전합니다.

건강상태에 문제가 없다면, 자신이 가장 상쾌하게 느끼는 방식을 선택해도 좋습니다. 사우나에 갈 시간이 없더라도, 집에서 입욕법을 조금만 응용하면 회복 효과를 얻을 수 있습니다.

016
누군가와 같이 사우나에 들어가라

사우나의 장점은 단순히 혼자 들어가 고요한 시간을 즐길 수 있다는 점에 그치지 않습니다. **누군가와 함께 들어가 같은 시간을 공유한다**는 매력도 있습니다.

저는 주로 혼자 사우나를 즐기지만, 가끔은 누군가와 함께 갑니다. 일하면서 사람들에 치여 피곤하니, 휴일만큼은 아무도 만나지 않고 혼자 느긋하게 쉬고 싶을 수도 있겠네요. 하지만 **타인과 적당히 관계를 맺으면 오히려 휴식 효과가 높아진다**는 느낌을 받기도 합니다.

이야기꽃이 피어나는 공간

사우나는 **소통의 장**이 되기도 합니다. 저 역시 의사 동료들이나 경영자 지인들과 함께 종종 사우나에 갑니다.

예컨대 업무로 알게 된 분과 대화를 나누다가 우연히 서로 사우나를 좋아한다는 사실을 알게 되고, '그럼 다음에 사우나 한번 가시죠'라고 하는 거죠. 또 직장 후배가 '사우나는 아직 가본 적이 없는데, 다음에 저도 함께 가요'라며 부탁하는 경우도 있습니다.

다른 사람과 사우나를 할 때 저는 이런 점들이 좋았습니다.

- 함께 간 사람과의 인간관계가 깊어진다
- 도토노우의 경험을 공유한 뒤에는 자연스럽게 속 깊은 대화가 이어진다
- 심리적 장벽이 허물어져 솔직한 의견을 나눌 수 있다

사람과 얽히면서 얻는 정신적 여유

휴일에 혼자 사우나에 갈 때, 저는 거의 도토노우를 얻기 위해 간다고 해도 과언이 아닙니다. 완벽한 도토노우 상태에 도달하면 몸과 마음이 깊이 정화되어 다음 한 주도 다시 힘을 내서 일할 수 있겠다고 생각하거든요.

하지만 누군가와 함께 사우나에 가서 도토노우를 공유하면, 그 시간은 또 다른 가치를 갖게 됩니다. **인간관계가 깊어지고, 그로 인해 정신적 여유가 생기는 것**이지요.

사람들과 부대끼는 경험은 정신적인 안정감을 가져다줍니다. 반대

로 마음이 울적할 때를 떠올려보면, 대개 사람들과 만나지 않고 고립되어 있을 때가 많습니다.

누군가와 함께 사우나에 가면, 도토노우를 공유한 뒤 신기하게도 **깊은 대화**가 흘러나옵니다. 그 순간이 관계를 한층 더 가까이 이어주는 것 같습니다.

업무적 측면에서도 사우나는 주목받고 있습니다. 평소에는 쉽게 속마음을 잘 털어놓기 어려운 상대와도, 사우나라는 특수한 환경에서는 **솔직한 의견 교환**이 가능하기도 합니다. 골프도 좋지만, 바쁜 현대인들에게는 사우나가 오히려 귀중한 소통의 도구가 될 가능성이 있습니다.

이런 의미에서 사우나 활동, 즉 '사활'의 가능성이 더 기대됩니다.

017
입욕을 통해 열충격 단백질을 늘려라

뜨거운 물에 몸을 담그거나 사우나에 들어가면, 체내에서는 **'열충격 단백질**(Heat Shock Protein, Hsp)'이라 불리는 단백질이 증가합니다.

Hsp는 우리 몸의 회복 기능을 높여주는 중요한 단백질로, 적당한 열 스트레스를 받았을 때 증가한다고 해서 붙은 이름입니다. Hsp에는 여러 종류가 있지만, 그중에서도 특히 주목해야 할 Hsp70은 세포를 보호하고 염증을 줄이는 작용을 합니다.

연구 결과에 따르면, Hsp70이 증가함에 따라 자율신경의 균형이 안정적으로 유지되고, 수면의 질이 좋아진다고 합니다.

입욕 후에는 몸을 '보호'하자

Hsp를 늘리기 위한 입욕에는 몇 가지 요령이 있습니다.

- 40℃의 물에 약 20분 몸을 담근다
- 입욕 후에는 10~15분 동안 보온을 유지한다

연구에 따르면, **20분** 정도 다소 길게 입욕을 하면 Hsp가 더 효과적으로 증가합니다. 체온이 약 38℃ 정도까지 올라가도록 몸을 충분히 덥힐 필요가 있지요.

또한 욕조에서 나온 뒤에는 체온이 급격히 떨어지지 않도록 잠시 보온 시간을 가집니다. 몸이 식지 않도록 수건으로 물기를 꼼꼼하게 닦고 곧바로 옷을 입은 뒤, 겨울에는 난방이 켜진 방에서, 여름에는 에어컨을 틀지 않은 상태에서 시간을 보내는 것입니다. 보온 중에는 몸이 식지 않도록 찬 음료는 피하세요. 수분이 필요하다면 따뜻한 음료를 마시는 것이 좋습니다.

욕조에서 20분, 그 후 10~15분의 보온까지 해야 하므로 시간적으로 여유로운 휴일이 실천하기 좋겠지요. 평일에는 실천이 어려울 수도 있지만 일주일에 한두 번만 해도 충분한 효과를 기대할 수 있습니다.

만약 사우나를 통해 Hsp를 늘리고 싶다면, 이때는 냉탕에 들어가지 말고 보온 시간을 따로 확보해보세요. 즉, 도토노우를 목표로 하는 사우나 루틴과는 방법이 다릅니다. 또한 Hsp는 운동을 통해서도 늘릴 수 있습니다. 가벼운 산책 수준이 아닌, 러닝 같은 유산소운동을 30분 정도 지속했을 때 효과적입니다.

CHAPTER 03

식사로 몸의 컨디션을 조절하고 싶어요

식습관을 바꾸면
컨디션 불량을 막을 수 있다

018
아침 식사는 두 가지 타입으로

식사가 몸에 큰 영향을 준다는 사실은 누구나 알고 있습니다. 하지만 바쁠 때는 식사를 대충 해결하기 쉽고, 그 결과 피로를 제대로 해소하지 못해 컨디션이 흐트러지기도 합니다.

많은 업무로 피로가 쌓이면 아침에 쉽게 일어나지 못하고, 결국 아침 식사를 거르는 경우도 생깁니다. 점심이나 저녁을 패스트푸드용 삼각김밥이나 빵, 컵라면으로 간단히 때우는 경우도 있지요. 이런 식사 습관을 들이면, 몸이 필요로 하는 영양을 충분히 채우기 어렵습니다.

아침 식사는 컨트롤이 가능하다

바쁜 날에도 균형 잡힌 식사를 유지하면서 퍼포먼스를 떨어뜨리지 않는 방법은 없을까요?

저는 **아침 식사**가 가장 중요하다고 생각합니다. 점심이나 저녁은 회식이 생길 수도 있는데, 아침 식사는 **스스로 조절이 가능하기 때문**입니다.

그래서 사회인들에게 아침 식사를 두 가지 타입으로 준비해보라고 권합니다. **'퍼포먼스 식사'**와 **'보급 식사(보급식)'**입니다.

일을 해야 하는 평일에는 퍼포먼스 식사를 합니다. 집중력을 높이

퍼포먼스 식사

보급 식사

고 하루 힘차게 일하기 위한 아침 식사지요. 기본 구성은 이렇습니다.

- 달걀 요리, 된장국, 채소 주스, 삼각김밥 세트
- 날에 따라 아보카도나 견과류 추가

양질의 단백질을 섭취할 수 있는 **달걀 요리**, 장 건강에 좋은 발효 식품인 **된장국**을 기본으로 하고, 식이섬유가 풍부한 **채소 주스**에 든든한 **삼각김밥**을 주식으로 준비합니다. 하루 퍼포먼스를 더 끌어올리고 싶은 날은 영양가 높은 **아보카도**나 **견과류**를 추가합니다.

삼각김밥은 현미나 잡곡을 섞으면 혈당이 급격히 오르는 것을 막을 수 있습니다. 여기에 양질의 지방과 단백질을 고르게 섭취하면, 뇌와 몸에 에너지를 서서히 공급할 수 있습니다.

이게 바로 업무 중에도 집중력을 몇 시간 동안 유지할 수 있는 비결입니다.

컨디션이 좋지 않을 때는 보급식

한편, 보급식은 회식 다음 날처럼 체력 회복이 필요한 아침에 먹습니다. 바쁜 업무 때문에 아침에 눈을 떠도 힘이 잘 느껴지지 않을 때 먹기 좋은 한 끼이지요.

기본 구성은 다음과 같습니다.

- 바나나와 단백질 드링크
- 가끔은 소화에 좋은 따뜻한 죽이나 스무디 추가

피로 회복에 도움되는 **비타민 B군**이나 **항산화물질**을 의식적으로 보충해, 몸의 회복을 돕고 싶을 때 선택하는 식사입니다.

아침에는 시간이 넉넉하지 않기 때문에, 식사 준비에 많은 시간을 들이기 어렵습니다. 그래도 필요한 영양을 골고루 섭취하고 동시에 맛있게 먹을 수 있는 메뉴를 찾아보면 좋겠지요.

019
단백질을 제대로 챙겨라

우리는 지금 '포식의 시대'에 살고 있습니다. 먹거리가 넘쳐나는 시대이기 때문에 과식을 해서 비만으로 이어지고, 그로 인해 질병이 발생하는 경우도 적지 않습니다.

그런데 이런 시대에도 **영양실조**에 걸리는 사람이 있답니다. 대부분은 무리한 다이어트 등이 원인이죠

물론 영양실조 수준까지는 아니더라도, 치우친 식사 때문에 필요한 영양소가 부족해지는 경우는 현대인에게 드문 일이 아닙니다. 그 때문에 왠지 모르게 힘이 빠지거나 업무 퍼포먼스가 떨어지는 결과를 낳을 수도 있으니, 영양 부족을 가볍게 넘겨서는 안 됩니다.

바쁠 때는 단백질이 부족해지기 쉽다

특히 현대인이 가장 놓치기 쉬운 영양소는 **단백질**입니다. 일이 바쁘다 보면 패스트푸드용 삼각김밥이나 빵으로 끼니를 때우기 쉬운데, 이렇게 먹으면 당질 중심으로 치우칩니다. 당질은 빠르게 에너지를 제공해주지만, 그만큼 단백질 부족이 생기기 쉽습니다.

단백질은 근육을 비롯하여 피부, 머리카락, 내장 등 신체를 구성하는

여러 조직의 재료가 됩니다. 또한 호르몬, 효소, 면역 물질 등도 단백질로 만들어지지요.

그렇다면 단백질을 얼마나 섭취하는 것이 적절할까요? 일반적으로 아래 기준을 추천합니다.

- 하루에 체중 1kg당 1.0~1.6g 정도를 기준으로 한다. 체중이 60kg이라면 60~96g 섭취
- 아침·점심·저녁에 고르게 분배하여, 한 끼에 20~30g 정도가 필요하다

단백질은 한 번에 많이 먹는다고 해서 좋은 것이 아니라, **세 끼를 먹는 동안 골고루 섭취**할 필요가 있습니다. 예를 들어 저녁에 고기를 많이 먹을 거니까 아침이나 점심을 걸러도 된다는 것은 아닙니다.

다양한 식재료에서 골고루 섭취하자

식사로 섭취한 단백질은 체내에서 **아미노산**으로 분해, 흡수된 후에는 다시 몸에 필요한 단백질로 재합성됩니다. 아미노산은 총 20종류가 있으며, 이 중 9종류는 우리 몸에서 필요한 만큼 합성할 수 없기 때문에 반드시 식사를 통해 섭취해야 하는데, 이를 **'필수 아미노산'**이라고 부릅니다. 즉, 단백질은 단순히 양만 확보하면 되는 것이 아니라, 필수 아미노산을 충분히 공급할 수 있도록 다양한 식재료에서 골고루 섭취하는 것이 바람직합니다.

식재료마다 단백질이 어느 정도 들어 있는지, 그 기준을 알면 한결 도움이 되겠지요.

- 고기, 생선 - 손바닥 크기(100g)에 20g
- 달걀 - 1개에 7g
- 우유 - 한 컵(200ml)에 6~7g
- 두부 - 한 모(100g)에 7g
- 낫토 - 한 팩(40g)에 7g

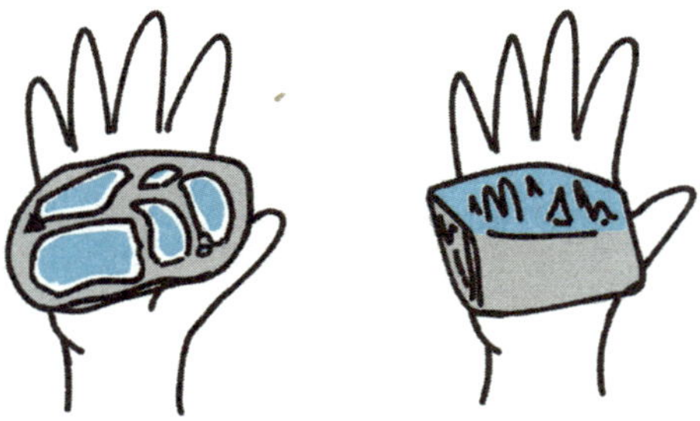

단백질이라고 하면 고기나 생선을 먼저 떠올리죠. 그중에서도 **생선**은 양질의 단백질뿐 아니라, 뇌 기능을 돕는다는 DHA나 EPA도 풍부해 특히 추천합니다. 저 역시 자주 먹습니다.

020
장이 좋아하는 식사를 해라

장내 환경이 온몸의 건강에 영향을 미친다는 사실이 근래 연구를 통해 점점 더 명확해졌습니다. 특히 장내 환경이 잘 정돈되면, 몸과 마음의 컨디션이나 일상생활의 퍼포먼스에도 긍정적인 영향을 주어 뇌 기능과 수면이 함께 개선된다고 합니다.

장과 뇌가 서로 영향을 주고받는다니, 이 이야기를 듣고 깜짝 놀랄 수도 있지만, 이를 **'장뇌 상관'**이라고 부릅니다.

뇌가 스트레스를 받으면 자율신경의 균형이 무너지고, 그로 인해 장내 환경에 변화가 일어납니다. 반대로 흐트러진 장내 환경은 신경전달물질 생산에 영향을 주기 때문에 정신적 컨디션을 좌우합니다.

장은 흔히 **'제2의 뇌'**라고도 불립니다. 그만큼 뇌 다음으로 많은 신경세포가 존재하며, 중요한 신경전달물질의 상당 부분을 생산합니다. 특히 눈여겨볼 점은 **세로토닌**의 약 90%가 장에서 만들어진다는 사실입니다. 세로토닌은 의욕이나 집중력에 관여하는 신경전달물질로, 우리의 기분이나 인지 기능을 좌우합니다.

또한 장에는 **면역세포**의 약 70%가 모여 있어, 전반적인 건강상태 결정에 중요한 역할을 합니다.

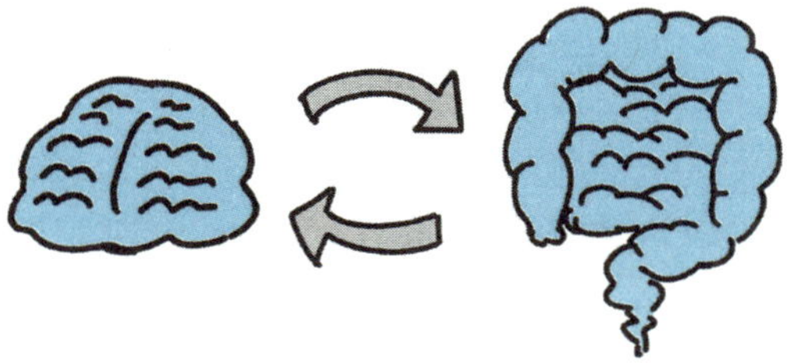

유익균의 먹이가 되는 '프리바이오틱스'

업무 퍼포먼스를 높이기 위해서는 뇌 기능을 높이고 질 좋은 수면을 취하는 것이 중요합니다. 그러려면 장이 좋아하는 식사를 해야겠지요.

장내 환경은 장내 세균이 만들어내는데, 이 분야의 연구는 지금도 다양하게 이루어지고 있습니다.

잘 알려져 있듯이, 장내 세균은 **유익균**, **유해균**, **중간균**의 세 가지로 분류되며, 그 다양성이 매우 중요합니다.

장내 환경을 건강하게 유지하려면, 발효 식품과 식이섬유를 충분히 포함한 식사에 신경써야 합니다. 제가 평소 장 건강을 위해 의식적으로 챙겨 먹는 식품은 다음과 같습니다.

- 발효 식품의 대표 격인 된장국과 낫토
- 식이섬유가 풍부한 채소, 버섯류, 해조류
- 유산균 식품인 요구르트 등

유익균은 된장에 들어 있는 '**효모균**', 낫토에 포함된 '**낫토균**', 요구르트에 들어 있는 유산균 등입니다. 저는 아침마다 된장국을 즐겨 마시는데, 이제 거를 수 없는 루틴이 되었습니다.

또한 **식이섬유**가 풍부한 채소, 버섯류, 해조류에는 장내 세균의 먹이가 되는 영양 성분인 '**프리바이오틱스**'가 들어 있습니다. 참고로 된장에는 유산균도 포함되어 있지만, 유산균은 열에 약하기 때문에 열을 가하면 대부분 죽어버립니다. 다만 죽은 유산균도 장내 세균의 먹이가 되므로 완전히 소용없는 것은 아니죠.

운동이나 수면으로도 장내 환경을 정돈할 수 있다

장내 환경을 개선하는 데는 **운동**과 **수면**이 대장 역할을 합니다. 적당한 운동이 장내 유익균을 늘리는 데 도움이 된다는 사실은 이미 여러 연구에서 밝혀졌지요. 다만 운동을 지나치게 하면 오히려 장내 환경을 흐트러뜨릴 가능성이 있으니, 일주일에 3회 정도 30분씩 유산소운동을 하는 것이 좋습니다. 또한 질 높은 수면 역시 장내 환경을 유지하는 데 필수적입니다. 수면이 부족하면 장내 환경을 악화시켜 체내에 염증을 일으킬 수 있습니다.

021
식후에 찾아오는 졸음을 막아라

식사를 하고 나면 졸음이 쏟아진다고들 하죠. 특히 점심 식사 후 졸음이 찾아오면 오후 업무에 영향을 주기 때문에 고민스럽지요. 식후의 졸음을 줄이고 싶은 분들은 저를 포함해 아주 많을 것입니다.

식사를 하면 혈액 속에 포함된 당의 농도, 즉 **혈당치**가 상승합니다. 혈당이 오르면 췌장에서 **인슐린**이라는 호르몬이 분비되고, 인슐린의 작용으로 혈당치가 다시 내려갑니다.

문제는 식후에 혈당이 급격하게 상승하면 세로토닌이나 소화관 호르몬 등 여러 메커니즘으로 인해 졸음을 느끼게 된다는 사실입니다. 따라서 식후에 찾아오는 졸음을 막으려면 혈당이 급격히 오르지 않는 식사를 하는 것이 중요하겠지요.

혈당이 급하게 오르지 않는 주식을 고르자

식사 후 혈당이 얼마나 빨리 올라가는지를 나타내는 값이 **GI(글리세믹 인덱스, 혈당) 지수**입니다. 밥이나 빵처럼 주식으로 먹는 식품은 당질이 많아 GI 지수도 높다는 특징이 있습니다.

최대한 GI 지수가 높지 않은 음식을 선택해 먹으면, 혈당 상승이 완만해져서 식후의 졸음을 막는 데 도움이 됩니다. 즉, GI 지수가 낮은 식품만 골라서 먹으면 되는데, 이게 말처럼 쉬운 일이 아니지요.

- 높은 GI - 흰 쌀밥, 흰 빵, 감자, 잼 등
- 낮은 GI - 현미, 통밀빵, 메밀, 잎채소 등

같은 주식이라도 **현미**나 **통밀빵** 등은 GI 지수가 낮은 편입니다. 이들은 보통 흰 쌀밥이나 흰 빵에 비해 식이섬유가 풍부해 혈당이 서서히 오릅니다.

하지만 보통은 주식으로 흰 쌀밥이나 흰 빵만 선택지에 있는 경우가 많습니다. 현미나 통밀빵이 선택지에 있는 백반집이나 레스토랑 등은 많지 않으니까요.

한편, **메밀**도 GI 지수가 비교적 낮은 식품입니다. 저는 외식할 때 되도록 메밀국수를 선택하려고 합니다. 특히 **순메밀국수**는 밀가루나 참마 등의 부가 재료를 쓰지 않고 메밀가루와 물만 살짝 넣어 만들기 때문에 GI 지수가 더 낮습니다. 그래서 저는 외출 시 순메밀국수를 하는 가게를 발견하면 기쁘게 먹는답니다.

채소를 먼저 먹고 주식은 나중에

그런데 매번 메밀국수만 먹을 수는 없겠죠. 게다가 현미나 통밀빵이 아무리 좋다고 해도, 흰 쌀밥이나 흰 빵을 먹고 싶을 때가 있습니다.

이처럼 GI 지수가 낮은 음식만 고집하려고 하면 금세 지치기 쉽습니다. 저 역시 여러 번 좌절을 맛봤지요. 그래서 가능한 범위 안에서 지속가능한 응용법을 찾는 것이 오래 실천하는 비결일 수 있습니다.

흰 쌀밥이나 흰 빵이라도, 식사 순서를 살짝만 바꾸면 혈당이 천천히 올라가게 할 수 있습니다. 주식을 먹기 전에 채소나 해조류처럼 식이섬유가 풍부한 음식부터 먹는 '**베지터블 퍼스트**' 방식입니다. 채소가 아니라 고기나 생선처럼 단백질이 풍부한 반찬을 먼저 먹는 것도 효과가 있습니다. 중요한 것은 주식을 마지막에 먹는 것입니다. 그러면 식후 혈당이 급격하게 오르는 것을 막을 수 있습니다.

022
매일 똑같은 음식만 먹지 마라

건강에 좋다고 하는 식품이 있으면, 그것만 계속 먹는 사람들도 있습니다.

하지만 같은 식품을 매일 반복해서 섭취하면 영양이 편중될 위험이 있습니다. 되도록 다양한 식품에서 골고루 영양을 섭취하는 것이 중요합니다.

장에 좋다는 **요구르트**도 특정 제품만 계속 고집하기보다는 가끔 다른 종류를 선택해보세요. 예를 들어 동일한 요구르트만 꾸준히 먹는다면 특정한 균주만 계속 섭취하게 됩니다. 유산균에도 다양한 종류가 있고, 제품마다 균주가 다르게 구성되어 있기 때문이지요.

다양한 발효 식품을 섭취해야 장내 세균도 풍부해집니다.

제철 식재료를 섭취하자

영양학적 관점에서 봐도 다양한 식재료를 섭취하는 것은 **마이크로 뉴트리언트**(미량 영양소) 균형 유지에 매우 중요합니다.

마이크로 뉴트리언트란, 생명 활동을 유지하기 위해 체내에서 반드시 필요하지만 극히 소량만 필요한 영양소를 가리킵니다. 대표적인 것이 **비타민**과 **미네랄**이지요.

- 비타민 - A, B군, C, D, E, K 등
- 미네랄 - 철, 칼슘, 마그네슘, 칼륨, 나트륨 등

이처럼 균형을 생각해서 다양한 식재료를 섭취하는 것이 좋은데, **제철 식재료**를 그때그때 돌아가며 먹는 것이 비결입니다. 잘 기억해두세요.

023
부족한 비타민과 미네랄을 채워라

비타민과 **미네랄**은 부족해지기 쉬운 영양소입니다. 외식을 자주 하다 보면 아무래도 녹황색 채소나 해조류 섭취량이 줄어, 비타민과 미네랄을 충분히 확보하기가 어려워집니다.

게다가 **채소의 미네랄 함량이 과거에 비해 줄어들었다**는 요즘 사정도 한몫합니다. 화학비료 사용이 자리 잡으면서 토양의 미네랄 균형이 깨졌고, 또한 같은 작물을 반복해서 재배하는 바람에 특정 미네랄이 고갈되기 때문이지요.

영양제는 어디까지나 '보완'일 뿐이다

'비타민과 미네랄이 부족하다고? 그럼 **영양제**로 보충하면 되잖아.'

이렇게 생각하는 분들도 있을 것입니다. 영양제는 현대인의 식생활을 보완하는 효과적인 수단이지만, 채소가 가진 다양한 영양소의 복합적인 상승효과에는 미치지 못합니다.

그래서 저는 기본적으로는 '식사가 우선, 영양제로 보완'이라는 원칙을 고수하고 있습니다. 바쁜 날에는 녹황색 채소나 해조류를 충분히 먹지 못할 때도 있기 때문에, 아래와 같은 방식으로 영양제를 섭취해 보완에 신경쓰고 있습니다.

- 멀티비타민, 멀티미네랄 영양제를 섭취한다
- 단일 영양소(β카로틴 등)는 피한다
- 미네랄 보급에는 경수를 활용한다

채소 같은 자연 식재료는 원래부터 많은 영양소가 들어 있어서, 영양제를 고를 때도 웬만하면 여러 영양소가 포함된 제제를 선택하는 편입니다.

또한 미네랄 섭취에는 **경수**(칼슘 이온이나 마그네슘 이온 따위가 비교적 많이 들어 있는 천연수)도 좋은 선택지입니다. 칼슘과 마그네슘이 풍부한 물을 의식적으로 선택해 마시는 거죠.

한편 현대 의학에서는 '모든 사람에게 권장되는 평균적인 건강 식사'가 연구되고 있지만, 미래에는 유전자 분석을 바탕으로 '개인별로 부족하기 쉬운 영양소를 고려한 최적의 식사'를 각자 알게 될 겁니다. 그렇게 되면 영양제를 섭취하는 방식 역시 달라지겠지요.

024
몸에 좋은 기름을 섭취해라

기름은 몸에 해롭다는 인식이 흔하지만, 반드시 그렇다고만 볼 수는 없습니다. 앞서 '**019**'에서 단백질이 신체의 여러 조직을 구성한다고 이야기했는데, 세포를 감싸는 '세포막'은 지질로 이루어져 있어서 우리 몸에는 기름도 꼭 필요합니다.

다만 몸에 좋은 영향을 주는 기름이 있는 반면, 과다 섭취할 경우 오히려 부정적인 영향을 주는 기름도 있습니다. 따라서 건강을 위해서는 기름에 대한 지식도 업데이트해야겠지요!

과다 섭취하면 체내 염증을 유발하는 기름

식용유의 성분은 '지방산'이며, 지방산에는 다양한 종류가 있습니다. 이 중 과다 섭취하면 몸에 부정적인 영향을 줄 수 있는 지방으로는 '**트랜스 지방산**'과 '**오메가-6 지방산**'이 있습니다.

마가린 등에 많이 포함된 트랜스 지방산은 대부분 인공적으로 만들어지기 때문에 과도하게 섭취하면 유해 콜레스테롤(LDL)을 증가시키는 것으로 알려져 있습니다.

오메가-6 지방산은 콩기름이나 옥수수기름 등 각종 식물성 기름에 많이 들어 있으며, 이러한 기름을 사용한 빵이나 과자에도 다량 함유되어 있습니다. 오메가-6 지방산의 식물 기름은 산화되기 쉽고, 특히 고온에서 가열하면 체내 염증을 촉진하기 때문에 주의가 필요합니다. 일부 연구에서는 오메가-6 지방산의 과다 섭취가 알레르기 증가와 관련이 있을 가능성도 제기하고 있습니다.

오메가-3와 오메가-9, 콜레스테롤 개선에 좋은 영향을 준다

우리 몸에 이로운 지방으로 '**오메가-3 지방산**', '**오메가-9 지방산**', '**중쇄지방산(중간지방사슬)**'을 꼽을 수 있습니다.

- 오메가-3 지방산 - 고등어·꽁치·정어리 같은 생선 등, 아마씨유·들기름 등
- 오메가-9 지방산 - 유채유·올리브유·해바라기유 등
- 중쇄지방산 - MCT 오일 등

오메가-3 지방산과 오메가-9 지방산은 유해 콜레스테롤 수치를 낮추고 유익 콜레스테롤 수치를 높이는 효과가 있다고 알려져 있습니다.

저는 굽거나 볶고 튀기는 고온 조리를 할 때는 유채유, 정제 버터, 코코넛 오일을 사용하고, 샐러드 드레싱으로는 엑스트라 버진 올리브오일 등을 활용합니다.

또한 생선에 풍부한 DHA나 EPA 역시 오메가-3 지방산의 한 종류입니다. 따라서 같은 단백질을 섭취하더라도 고기보다는 고등어, 꽁치, 정

어리 같은 등푸른생선을 선택하면 양질의 오메가-3 지방산을 효율적으로 보충할 수 있어요.

커피에 MCT 오일을 더해보자

최근 건강에 이로운 지방으로 주목받는 것이 중쇄지방산인 **MCT 오일**입니다. 중쇄지방산의 가장 큰 특징은 체내에서 빠르게 에너지로 변환되어 지방 조직에 축적될 가능성이 매우 낮다는 점입니다.

MCT 오일은 코코넛 등 야자과 식물의 씨앗에서 추출한 지방을 주성분으로 합니다. MCT 오일은 가열 조리에 적합하지 않으므로 샐러드에 뿌리는 드레싱으로 사용하며, 무미 무취하여 **커피나 된장국 등에 넣는 것**도 좋습니다.

저는 커피를 마실 때 티스푼 하나 정도의 MCT 오일을 넣어 '버터커피'처럼 즐깁니다. 아침에 된장국에 살짝 넣기도 하고요. MCT 오일은 가격대가 높은 편이라, 일주일에 2~3회 정도 이렇게 활용하고 있습니다.

025
천천히 먹어라

음식을 빨리 먹는 습관이 건강에 좋지 않다는 이야기는 많이 들어봤을 것입니다. **허겁지겁 먹으면 살이 찌기 쉬운 것**은 사실입니다. 실제로 비만 경향이 있는 사람일수록 식사 시간이 짧다는 연구 결과도 있으며, 빨리 먹는 사람은 혈당이 더 높아 당뇨병 위험도 크다고 합니다.

따라서 식사 시간을 **20~30분** 정도 충분히 확보하는 것이 중요합니다. 천천히, 꼭꼭 씹어 먹는 것이 바로 비만을 막는 비결이지요. 그렇다면 왜 빨리 먹으면 살이 찔까요? 그것은 바로 과식을 하기 때문입니다. **포만감을 느끼는 신호는 식사를 시작하고 나서 약 20분 정도 지나야 뇌에 도달**합니다. 그런데 급하게 먹으면 '아직 배가 안 부르네. 더 먹어야겠다'라고 착각하여 불필요하게 음식을 더 먹게 되는 것입니다.

음식이 소화되어 혈액 내 당수치가 올라가면, 만복 중추(포만 중추)가 자극받아 식욕을 억제하는 신호를 보냅니다. 이 과정에 약 20분 정도 시간이 걸리기 때문에, 식사 시간은 최소한 20분보다 길게 잡는 것이 바람직합니다.

허겁지겁 먹으면 과식해서 살이 찐다

바쁜 일정 때문에 짧은 시간 안에 식사를 마치는 것이 습관화되면, 자꾸 음식 먹는 속도가 빨라지니 골치 아픕니다. 그러면 시간적 여유가 있을 때조차도 빨리 먹는 습관 때문에 불필요한 과식을 하게 됩니다.

저도 의사라는 직업의 특성상 진료 사이의 짧은 휴식 시간에 식사를 해결하는 일이 많은데, 저도 모르는 사이에 빨리 먹는 나쁜 습관이 몸에 배었습니다. 그 결과, 필요 이상으로 음식을 섭취하는 일이 잦아져 체중 관리에서 확실히 어려움을 겪었습니다. 체중이 늘면 외적인 변화뿐만 아니라 **업무 능력도 하락**합니다.

저는 빨리 먹는 습관을 개선하기 위해, 한 입 먹을 때마다 젓가락을 내려놓거나 음식을 먹는 사이에 물을 한 모금씩 마시곤 했습니다. 무심코 빨리 먹는 분들은, 바쁜 평일에는 어렵다면 휴일에라도 이런 노력을 시도해보세요.

식사 시간을 소중히 생각하면, 과식을 막을 수 있고 체형도 달라집니다. 이처럼 식습관에 대한 의식의 변화는 자연스럽게 비만 예방으로 이어질 것입니다.

CHAPTER 04

몸을 움직여 휴식의 질을 높이고 싶어요

작은 운동이 만드는 몸의 놀라운 변화

026

주 2~3회, 부담 없는 운동을 해라

휴식이라고 하면 보통 몸을 쉬게 하거나 잠을 푹 자는 모습이 떠오릅니다. 그러나 데스크 업무(Desk work, 사무)로 하루 종일 머리를 혹사한 날에는, 막상 잠자리에 누워도 몸과 마음이 충분히 쉬지 못하고 수면도 얕아지기 쉽습니다. 그런데 평소에 **무리가 가지 않는 운동**을 적당히 해주면, 오히려 휴식의 질을 높일 수 있습니다.

활성 산소가 과다 생성되지 않는 적당한 운동이 좋다

운동은 힘들수록 효과가 좋다고 생각하기 쉬운데, 꼭 그런 것은 아닙니다. 물론 근육량을 늘리거나 경기력 향상을 목표로 한다면 강도 높은 트레이닝이 필요하겠지요. 하지만 휴식의 질을 높이고 싶은 것이 목적이라면, 몸을 혹사하지 않는 가벼운 운동을 **주 2~3회** 정도 실천하는 것만으로도 충분합니다.

피곤한 상태에서 격한 운동을 하면 체내에 '**활성 산소**'가 과잉 발생합니다. 활성 산소가 지나치게 많아지면 세포와 조직을 손상시켜 노화나 질병의 위험을 높일 수 있습니다.

그렇다면 운동은 어느 정도 강도로 하는 것이 좋을까요? 저는 가벼운 유산소운동과 부담 없는 근력운동을 병행합니다. 유산소운동은 **30분에서 1시간 정도, 1~5km를 걷는 것**만으로도 충분합니다. 이렇게 규칙적으로 걸으면 몸의 말초 혈관에서 순환하는 혈액의 양이 늘어나 질병 예방 효과가 있습니다. 하루에 유산소운동과 근력운동을 모두 하고 싶다면, 두 운동 사이에 3시간 이상 간격을 두는 것이 효과적입니다.

운동을 매일 할 필요는 없습니다. 이처럼 부담 없는 운동을 꾸준히 하면, 세포 속 미토콘드리아가 증가합니다. 미토콘드리아는 생명 활동에 필요한 에너지를 만들어내는 일을 하기 때문에, 그 수가 늘어나면 쉽게 지치지 않는 몸이 만들어집니다. 즉, 가벼운 운동을 지속하면 피로를 모르는 몸으로 변화하는 선순환이 일어난답니다.

일상에서 자잘하게 몸을 움직이자

걷기가 좋다는 사실을 알고 있어도, 일이 바쁠 때는 지속하기가 어렵기도 하지요. 사실 저도 그래요. 일주일에 두세 번, 30분이라는 걷기

시간을 확보하기란 간단한 일이 아닙니다. 귀중한 휴일도 가족을 위해 쓸 때가 많지요.

그래도 **일상생활 속에서 의식적으로 몸을 움직이면**, 운동에 가까운 효과를 얻을 수 있습니다. 예를 들면 이런 식이지요.

- 빌딩이나 역에서는 엘리베이터나 에스컬레이터 대신 계단을 이용한다
- 차로 이동할 때는 주차장에서도 일부러 먼 곳에 주차해 걷는 거리를 늘린다
- 업무 중간에 간단한 스트레칭을 한다
- 사무실에서는 복사도 하고 차도 타는 등, 자주 자리에서 일어난다
- 일부러 계단을 오르내리며 다른 층의 화장실을 이용한다
- 집에서는 집안일을 적극적으로 하여 몸을 움직인다

이런 작은 움직임이 차곡차곡 쌓이다 보면, 웬만큼 괜찮은 운동량이 나옵니다. 일상에서 몸을 틈틈이 움직이는 습관을 들이는 것이 중요하지요.

027
가벼운 근력운동을 해라

휴식의 질을 높이기 위한 운동으로 제가 많이 추천하는 것이 바로 **근력운동**입니다. 여기서 말하는 근력운동은 보디빌더나 운동선수가 하는 것처럼 강도 높은 트레이닝이 아니라, 가볍게 여러 번 반복하는 방식입니다. 이렇게 하면 긍정적인 마음이 들면서 뇌와 내장에 플러스 효과를 주는 '**마이오카인**'이 분비됩니다.

제가 근력운동의 장점에 눈을 뜬 것은 코로나19 시기였습니다. SNS를 통해 알게 된 사람이 자신의 트레이닝 성과를 꾸준히 공유하는 모습에 영향을 받았지요. 긴 시간을 가상공간에서 보내던 그 시기에 오히려 몸을 움직이는 것이 얼마나 중요한지 깊이 깨달았습니다.

근력운동을 시작했더니 아침 기상이 수월해졌다

매일 컴퓨터나 스마트폰으로 정보를 쫓아다니다 보면, 몸은 별로 피곤하지 않은데 머리만 지친 느낌을 받곤 합니다. 밤이 되어 쉬려고 해도 머리가 말똥말똥해서 잠이 오지 않거나, 혹은 아무리 많이 자도 피로가 풀리지 않는 경우도 적지 않죠. 그럴 때 시도해볼 만한 것이 바로 가벼운 근력운동입니다.

먼저, 집에서도 쉽게 할 수 있는 운동을 추천합니다. 자신의 체중을 중량으로 삼는 **자중 운동**이지요. 저도 자기 전에 **팔굽혀펴기**와 **스쿼트**, 엎드린 자세에서 아래팔과 발끝으로만 몸을 지탱하는 **플랭크**(자세한 내용은 203쪽 참조)를 습관처럼 하고 있습니다. 이 운동을 꾸준히 했더니 신기하게도 아침에 개운하게 눈이 떠지고, 낮 동안의 집중력도 향상되었습니다.

근력운동 후에 느껴지는 상쾌함과 뿌듯함은 일상의 작은 스트레스를 날려주는 귀중한 감각입니다. 더구나 가벼운 근력운동은 지속하기 쉽다는 장점도 있습니다. 꼭 생활 속 습관으로 만들어보세요.

근육에서 분비되는 마이오카인이 건강의 열쇠

운동이 건강에 좋다는 사실은 누구나 생활 속 경험을 통해 이해하고 있을 것입니다. 그런데 최근 들어, 그 둘의 관계를 설명하는 열쇠로서 마이오카인이라는 물질이 주목받고 있습니다.

마이오카인은 근육에서 분비되는 호르몬을 통틀어 부르는 말인데,

지금까지 수십 종이 발견되었습니다. 운동을 하면 근육에서 마이오카인이 분비되어 혈류를 타고 온몸으로 운반되며, 다음과 같은 다양한 건강 효과를 기대할 수 있다고 알려져 있습니다.

- 혈액 속의 당을 더 많이 근육으로 이동시켜 혈당을 안정시킨다
- 체내에 축적된 지방 연소를 촉진한다
- 동맥경화 위험을 낮추고, 치매를 예방한다
- 마이오카인의 일종인 '마이오넥틴'은 대사를 촉진하여 기미나 처진 피부 개선을 기대할 수 있다

한편, 나이가 들면서 잘 사용하지 않게 된 근육에서는 오히려 건강에 악영향을 주는 마이오카인이 분비되기도 합니다. 이런 부정적인 영향을 막기 위해서라도 젊을 때부터 운동해서 근육을 사용하는 습관을 만들어두는 것이 중요합니다.

좋은 효과를 가져다주는 마이오카인은 가벼운 근력운동으로도 분비됩니다. 계단 오르기 등 일상생활에서 의식적으로 몸을 움직이기만 해도 근육을 사용할 수 있습니다.

마이오카인이 건강한 일상을 유지하기 위한 열쇠라는 사실을 꼭 기억해두세요.

028
목욕 후에 스트레칭을 해라

스트레칭을 하기에 가장 좋은 타이밍은 **목욕 직후**입니다. 몸이 따뜻해져 근육이 풀어진 상태라 스트레칭 효과가 더 높아지기 때문이지요. 저도 입욕 후에 간단한 스트레칭을 습관처럼 하고 있습니다.

데스크 업무가 많다면 특히 '**햄스트링**'과 '**장요근**'이 굳기 쉬우므로, 이 두 부위를 중점적으로 풀면 좋습니다.

동작 자체는 복잡하지 않으니 5분 정도만 해보세요. 이 두 근육을 꾸준히 스트레칭해주면, 요통 예방과 자세 개선에 도움이 됩니다. 사회인들은 꼭 알았으면 하는 스트레칭입니다.

자세 악화를 막는 햄스트링 스트레칭

햄스트링은 **허벅지 뒤쪽에 위치한 근육군**을 통틀어 부르는 말입니다. 오래 앉아 있으면, 햄스트링이 굳으면서 골반을 아래로 끌어당기는 형태가 되어 골반의 균형이 무너집니다. 그 결과 등이 굽고, 어깨결림이나 요통으로 이어지기도 합니다.

앞쪽으로 몸을 구부리기 어려운 분들은 햄스트링이 경직되어 있을 가능성이 높으므로, 꼭 이 스트레칭을 해보세요. 허벅지 뒤쪽이 살짝 당기는 느낌이 들도록 뻗어주는 것이 핵심입니다.

① 다리를 어깨너비보다 조금 넓게 벌리고 선다
② 한쪽 무릎을 살짝 굽힌 상태에서 반대쪽 허벅지 뒤쪽을 길게 뻗는 느낌으로 상체를 기울인다. 이 상태로 10초간 유지한다
③ 반대쪽 다리도 같은 방식으로 실시한다

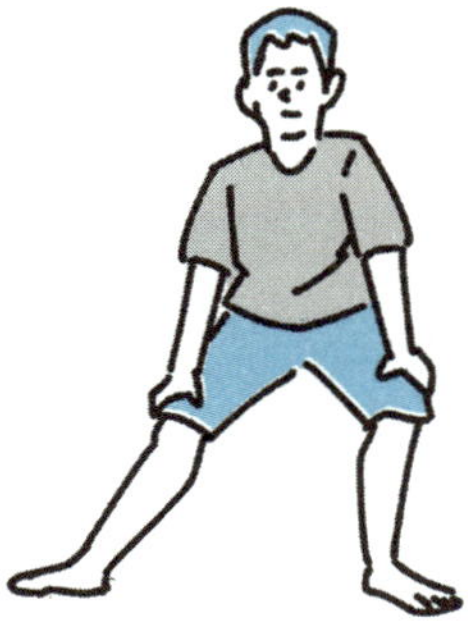

굳은 허리를 풀어주는 장요근 스트레칭

오랫동안 앉아 있다가 갑자기 일어서면 허리 주변이 굳어 걷기 불편한 느낌이 들 때가 있습니다. 이는 장요근이 경직되었을 때 나타나는 현상입니다.

장요근은 **척추(요추)에서 골반을 지나 허벅지까지 이어지는 큰 근육**입니다. 앉아 있는 자세가 오래 지속되면 장요근이 짧아지고 굳어지면서, 척추와 골반을 끌어당기는 힘이 강해집니다. 그 결과 허리가 곧게 펴지지 않게 되는 것이지요.

이 스트레칭을 꾸준히 하면 장요근이 유연해지면서 자연스럽게 자세가 좋아지고, 어깨결림이나 요통이 잘 생기지 않는 몸을 만들 수 있습니다.

① 한쪽 무릎을 세워 앞으로 내민다

② 다른 한쪽 다리는 뒤로 뻗는다

③ 이 자세에서 골반을 천천히 앞으로 내민다. 이 상태로 10초간 유지한다

④ 반대쪽 다리도 같은 방식으로 실시한다

목욕 후 스트레칭을 하면 근육의 긴장을 풀어주기 때문에 깊고 질 좋은 수면을 기대할 수 있습니다. 다음 날 아침에 눈을 뜰 때의 개운함이 확실히 달라질 것입니다.

029
한 정거장 먼저 내려 걸어라

걷기의 효과는 오래전부터 다양하게 알려져왔습니다. 신체적 건강 효과는 물론이고, 기분이 환기되면서 정신적 건강에도 큰 효과를 기대할 수 있습니다.

일상에서 걷는 거리를 늘리는 가장 간단한 방법은, 예전부터 많이 권해온 **'한 정거장 먼저 내려서 걷기'**입니다. 목적지보다 한 정거장 먼저 내려서 남는 거리를 걷는 방식이지요. 출퇴근길에 실천하면 자연스럽게 꽤 많은 거리를 걸을 수 있습니다.

저 역시 매일 한 정거장씩 걷기를 실천하고 있습니다. 걸으면 머릿속이 정리되어 좋은 아이디어가 떠오를 때도 종종 있거든요. 주위 풍경을 즐기거나 계절을 맛보면서 의식적으로 걷는 시간을 만들려고 신경쓰고 있습니다.

도시의 한 정거장은 걷기에 딱 좋은 거리

일상적으로 걸을 기회가 줄기 쉬운 현대사회에서는 의식적으로 걷는 시간을 마련하는 것이 중요합니다.

도시에서는 한 정거장의 거리가 보통 1~2km정도입니다. '자, 그럼 운동을 해볼까!' 하고 마음먹을 필요도 없이, **매일 출퇴근길이나 장을 보는** 일상 속에 얼마든지 끼워넣을 수 있지요.

한 정거장 걷기를 습관으로 만드는 비결은 이렇습니다.

- 일정을 너무 빡빡하게 잡지 말고, 움직일 때 시간적 여유를 둔다
- 언제든지 생각났을 때 실천할 수 있도록, 평소에 걷기 편한 신발을 신는다
- 스마트폰은 가방에 넣고, 주위 풍경을 바라보며 걷는다

최근 저는 걷기 편하게 설계된 가죽 구두를 즐겨 신습니다.

한편 교외나 지방에 살면 한 정거장의 거리가 길어서 걷기가 다소 부담스러울 수 있습니다. 자칫하면 약 한 시간 정도도 걸리거든요. 게다가 차로 이동하는 생활에 익숙해지면, 장을 보거나 밥을 먹으러 짧은 거리를 이동할 때조차도 자동차를 타곤 하죠. 만약 걸어서 10분 정도 되는 거리라면, 귀찮아하지 말고 걷는 습관을 들여보세요. 차로 이동하더라도 일부러 목적지에서 조금 떨어진 주차장에 차를 세우고, 1~2분 정도 걸어가는 방식으로 짧은 산책을 하는 것도 좋은 방법입니다.

다리를 움직이면 뇌가 활성화된다

저는 걷는 시간을 소중한 **'생각의 시간'**으로 활용합니다. 걸으면서 그날 업무 중 신경쓰이던 부분을 정리하기도 해요. 산책 중에 연간 100회 정도 진행하는 강연의 구성을 떠올릴 때도 있습니다. 걷는다는 단순한 행동이 몸의 건강뿐 아니라 생각 정리와 창의력 향상에도 도움된다는 사실을 실감하고 있지요.

동서양을 막론하고, 예로부터 철학자들이 자주 걸었던 이유도 똑같지 않을까요? 독일의 철학자 칸트는 매일 아침 정해진 시간에 산책했다고 알려져 있는데, 그 시간을 사색의 장으로 활용했다고 합니다.

교토에 있는 '철학의 길'은 철학자 니시다 기타로가 매일 산책하며 사색에 잠겼다고 해서 붙은 이름입니다. 그들은 걷기의 효과를 몸으로 이해했던 것이지요.

한편, **가끔은 아무 생각도 하지 않고 그저 주변 풍경을 바라보며 힐링을 얻는 것**도 좋습니다. 늘 디지털 기기와 연결되어 있는 일상에서 벗어날 수 있으니, 산책 시간은 정신을 말끔히 씻어주는 '디톡스'가 될 것입니다.

030

계단 오르기와 내리기를 모두 활용해라

근력운동이라고 하면 무슨 대단한 트레이닝을 해야 한다고 생각하는데, 그렇지 않습니다. 일상생활 속에서도 약간만 의식하면 충분히 근력운동이 됩니다.

그 대표적인 예가 바로 **계단 오르내리기**입니다. 계단을 올라갈 때만 운동이 된다고 생각하는 분들이 많은데, 사실 내려갈 때도 근력운동 효과가 있습니다.

올라가기가 버겁다면, 내려갈 때만이라도 계단을 이용하자

근육섬유에는 크게 '**속근**'과 '**지근**'이 있습니다. 개인차는 있지만, 대부분의 근육은 속근과 지근이 거의 절반씩 섞여 있지요. 속근은 말 그대로 **빠른 동작이나 순발력**이 필요할 때 사용되고, 지근은 '**지구력**'이 필요할 때 사용됩니다.

계단을 올라갈 때는 심폐 기능을 단련하는 효과가 있고, 또한 다리 근육 중 지근이 단련되면서 지구력 향상에도 도움이 됩니다.

반면 계단을 내려갈 때는 속근이 더 많이 사용되기 때문에 근력 향상이나 근육량 증가를 기대할 수 있습니다. 또한 계단을 내려가는 동작은 근육의 움직임뿐만 아니라 여러 관절이 함께 움직이는 복합적인 패턴이 많습니다. 그래서 관절의 안정성이나 협조성을 높이고, 이를 제어하는 뇌와 신경계에도 좋은 자극을 주기 때문에 자연스럽게 **균형 감각**도 단련됩니다.

만약 일을 하다 너무 피곤해서 '지금은 도저히 계단을 오를 힘이 없어'라고 느낀다면, 내려갈 때만이라도 계단을 이용해보길 권장합니다. 계단 내려가기는 심폐 기능에 부담이 적어 비교적 수월하게 할 수 있는 데 비해 높은 건강 효과를 기대할 수 있는 활동입니다.

깊은 곳에 있는 지하철역은 '무료 헬스장'

지하철역의 긴 계단은 그야말로 간편한 운동 공간입니다. 헬스장에 가지 않아도 공짜로 운동할 수 있으니, 활용하지 않으면 아깝겠지요!

제가 2017년 도쿄에서 처음 오에도선을 탔을 때, 끝없이 이어지는 긴 계단을 보고 깜짝 놀랐습니다. 동시에 '이건 운동이 되겠는데?'라는 생각이 들었습니다.

일반적으로 새로 건설된 지하철 노선일수록 지하 깊은 곳을 지나는 경향이 있습니다. 그럴 때 지하 깊은 역을 '불편하다'라고 느끼기보다는 '운동할 기회를 주는구나'라고 긍정적으로 바라보는 게 좋습니다. 에스컬레이터나 엘리베이터를 기다릴 시간에, 그 순간을 무료 트레이닝 시간으로 바꾸어 일상에 넣어보세요.

031
스스로 즐길 수 있는 운동을 해라

근력운동이나 트레이닝은 강도가 높을수록 몸에 좋을까요? 일반적으로 '운동'은, 참고 버티며 엄격하게 이어가야 한다고 생각하는 경향이 있습니다.

물론 스포츠 경기력 향상을 목표로 한다면, 이를 악물고 해야겠지요. 하지만 휴식이나 건강 유지 차원이라면, **즐길 수 있는 운동**을 하는 것이 가장 좋습니다. 일상에서 업무나 인간관계로 쌓인 스트레스를 풀고 다시 활력을 얻기 위해서는, 자신에게 잘 맞는 운동을 찾는 것이 좋겠지요.

몸 상태와 환경에 맞춰 무리 없이 운동하자

저는 일상적으로 근력운동 외에도 스트레칭과 러닝을 합니다. 스트레칭은 나이가 들어도 관절 가동 범위를 유지하고 싶다는 마음에서 시작했습니다. 원래 몸이 뻣뻣한 편이라, 저에게 꼭 필요한 운동이라고 생각해서 이어나가고 있습니다.

그런데 제가 진심으로 즐기면서 꾸준히 하고 있는 운동은 **러닝**입니다. 한여름이나 한겨울에는 물론 쉴 때도 있지만, 그 외의 계절에는 계속 이어가고 있습니다. 꾸준함의 비결은 몸 상태와 계절 변화에 맞춰 부담 없이 조절할 수 있다는 점입니다. 항상 같은 코스만 달리기보다, 가끔은 다른 코스를 선택해 기분을 바꿔보는 것도 좋은 방법입니다.

'몸이 피곤한데 운동이라니…'라고 생각하지 말고, 무리하지 않으면서 기분을 전환할 수 있는 운동을 찾아보세요.

하루 1만 보 걷기, 하루 5km 조깅처럼 구체적인 목표를 세우는 것도 도움이 됩니다. 하지만 이것은 어디까지나 건강을 위한 수단일 뿐, 목적이 되어서는 안 됩니다. 날씨나 컨디션이 좋지 않은데 숫자에 집착하면 오히려 부상으로 이어질 수 있습니다.

가끔은 대충해도 괜찮습니다. 그래야 오래 이어갈 수 있으니까요.

032
업무 중간에 가볍게 스트레칭을 해라

데스크 업무를 하다 보면, 자세를 신경쓴다고 해도 어느새 같은 자세를 오래 유지하게 되어 목이나 어깨가 뻐근해지는 일이 흔합니다. 뻐근함의 원인은 여러 가지겠지만, 가장 큰 이유는 컴퓨터 작업으로 인한 잘못된 자세입니다.

우리의 **머리는 약 5~6kg의 무게**를 갖고 있는데, 이를 목과 어깨 주변의 근육이 지탱하고 있습니다. 척추를 바르게 세우면 머리 무게가 중심 아래로 고르게 전달되어 목 주변 근육에 균등하게 부하가 걸립니다.

하지만 컴퓨터 화면을 오래 들여다보다가 몸이 앞으로 기울어진 자세가 지속되면 균형이 무너집니다. 특히 목 뒤쪽에서 어깨로 이어지는 근육에 과도한 부담이 생기고, 근육이 긴장한 상태로 굳어 혈류가 나빠지면 결림이 나타나지요.

목과 어깨를 푸는 '목 어깨 리셋 스트레칭'

이때 '**목 어깨 리셋 스트레칭**'을 해줍니다. 짧은 시간에 의자에 앉은 채로 바로 할 수 있어 업무 중간이나 회의 전후에 특히 좋습니다.

① 목을 좌우로 천천히 기울이고 15초 유지한다

② 어깨를 크게 앞뒤로 돌린다

③ 양손을 머리 위로 올려 깍지 끼고, 몸을 좌우로 길게 뻗는다

굳이 순서를 지킬 필요는 없습니다. 이 세 가지 동작을 조합해서 해보세요. 혈액순환이 좋아지면서 머리가 맑아지고, 동시에 어깨결림도 예방할 수 있습니다.

상반신의 굳은 근육을 풀어주는 '상반신 스트레칭'

팔을 키보드 쪽으로 뻗어 앞으로 기울인 자세를 오래 유지하고 있으면, 견갑골이 등의 중심에서 멀어져 바깥쪽으로 벌어지게 됩니다. 이런 자세가 장시간 이어지면 등 쪽의 견갑골 주변 근육은 늘어난 상태로 굳고, 반대로 가슴 앞쪽 근육은 수축된 채로 뭉칩니다. 이런 불균형은 어깨결림을 넘어 상반신 전체의 근육이 뭉치는 문제로 이어집니다.

이를 바로잡는 데 도움되는 게 바로 '**상반신 스트레칭**'입니다. 이 동작도 의자에 앉은 채로 짧은 시간에 할 수 있으며, 데스크 업무로 수축된 가슴 근육을 효과적으로 이완시켜 자세 개선과 어깨결림 예방에 도움이 됩니다.

① 등받이에서 살짝 떨어져 앉아, 양손을 몸 뒤쪽에서 깍지 낀다

② 가슴을 앞으로 내민다

③ 견갑골을 모은다는 느낌으로 15초 유지한다

이렇게만 해도 기분이 상당히 맑아질 것입니다.

목과 어깨결림을 방치하면 두통이나 메스꺼움이 생기기도 하고, 등이나 허리에 갑자기 강한 통증(허리 삐끗)이 나타날 수도 있습니다. 이렇게 되면, 스트레칭만으로는 개선이 어려워지므로, 증상이 심해지기 전에 평소에 꾸준히 스트레칭해주기를 권합니다.

CHAPTER 05

마음을 다듬고 싶어요

바쁜 일상에도
스트레스를 이겨내는 노력

033
기운이 축축 처질 때는 과로를 조심해라

정신적으로 가라앉아 있을 때, 사실 그 배경에는 피로가 있습니다. 스스로 지쳐 있다는 자각을 하기가 어렵지만, 스트레스와 피로의 메커니즘을 알면 과로를 예방할 수 있습니다.

스트레스가 계속되면 피로 감각이 무뎌진다

일을 하다 보면 **단순한 실수를 반복하거나 조바심이 생기고, 의욕이 나지 않는 순간**이 있습니다. 이럴 때 '내가 지쳤구나'라고 깨닫고 휴식을 취하면 좋지만, 그게 말처럼 쉽지 않습니다.

갑자기 일을 쉬기가 어렵다는 이유도 있겠지만, 더 큰 문제는 스스로 피로를 잘 느끼지 못한다는 점입니다. 체온이나 혈압처럼 피로를 숫자로 측정할 수 있다면 좋겠지만, 피로감은 매우 주관적인 감각이라 알아차리기가 참 어렵지요.

예를 들어 중요한 마감이 코앞에 다가온 업무를 할 때, 밤을 새우며 일을 해도 피로를 거의 느끼지 못하기도 합니다. 이는 업무라는 큰 스트레스 때문에 **일종의 흥분 상태에 빠져 피로를 느끼기 어려운 몸이 되기 때문**입니다. 이런 상태가 이어지면 피로 감각이 마비되고, 휴식을 취해야 한다는 사실조차 잊은 채 스트레스를 계속 받는 악순환에 빠집니다.

피로를 느끼지는 못해도 몸과 마음이 계속 스트레스에 노출되면, 피로는 분명히 쌓입니다. 그러다 어느 순간 한계를 넘어서면 과로 상태에 이르며 멘탈이 무너집니다. 그러면 이런 증상이 나타날 수 있습니다.

- 주변 사람들에게 짜증을 내며 공격적으로 변한다
- 무기력하고 기운이 없다
- 더 심해지면 '우울 상태'에 빠진다

뒤집어보자면, **공격적이 되거나 유난히 풀이 죽어 있는 것은 몸이 보내는 과로의 신호**라고 할 수 있습니다. 이런 메커니즘을 이해하고 자꾸 초조해지거나 기운이 빠지는 기분이 든다면, 업무를 미루거나 휴식을 취하는 등 적절한 대책을 마련하세요.

스트레스를 줄이려면 업무의 의의를 찾자

스트레스는 단순히 업무량이 많다는 이유만으로 생기지는 않습니다. 자신이 하는 일이 누구에게 어떤 도움이 되는지 모를 때 느끼기도 합니다.

업무의 전체 흐름이 보이지 않으면 **일하는 의의나 자신의 기여도를 체감하기 어려워**, '내가 이 일을 도대체 왜 하고 있는 거지?', '매일 이렇게 쫓기듯 일만 하는데, 인생에 무슨 재미가 있어?'라며 기운이 빠지는 경우도 많습니다.

사실 저 역시 비슷한 경험을 한 적이 있습니다. 사명감으로 의사가 되었지만, 어느 순간 문서를 작성한다든지 정리하느라 바쁜 나날을 보내고 있더라고요. 환자와 마주하는 시간이 줄어든 것만 같아 고민하던 때가 있었습니다.

그런데 어느 날, 백내장 수술을 받은 환자분의 한마디가 제 생각을 바꿔주었습니다.

"선생님 덕분에 손주 얼굴이 너무 잘 보여요."

환한 얼굴로 건넨 이 말씀 덕분에, '아, 내가 매일 하는 일이 누군가의 인생을 바꾸고 있구나' 하고 깨달았습니다.

'누군가에게 도움이 되고 있다'는 실감은 행복감을 높여주는 중요한 요소입니다. '내가 도움을 주고 있어' 하고 느끼는 순간이 차곡차곡 쌓이면서 다음 일을 해나갈 동기를 불어넣어주지요.

지루하게 느껴지는 일도 시선을 조금만 바꾸면 생각이 완전히 달라집니다. 지금 하고 있는 일이 누군가에게 도움이 된다고 상상해보세요!

034
고민이 있을 땐 누군가와 나눠라

인간은 흔히 사회적 동물이라고 합니다. 무인도나 깊은 산골에서 혼자만의 삶을 꿈꾸는 사람도 있지만, 본질적으로 인간은 **사회 속에서 사람들과 부대끼며 살아가도록** 설계된 존재이지요.

그러니 고민이 생겼을 때 혼자 끌어안는 것은 좋지 않습니다. 가족이나 동료, 아니면 주치의라도 좋으니 평소 마음을 터놓을 수 있는 사람을 찾아두는 것이 중요합니다.

혼자서는 생각지 못한 해결책을 얻을 수 있다

특히 남성의 경우, '고민을 남에게 털어놓는 건 부끄러운 일', '스스로 해결하지 못하면 약한 사람'이라고 생각하는 경향이 강해 보입니다. 하지만 그렇지 않습니다. 타인과 고민을 나누는 것은 인간이 가진 커뮤니케이션 수단 중 하나이며, 강함이나 약함과는 별개의 문제입니다.

가정 내 불화처럼 개인적인 문제가 있으면 업무 퍼포먼스에 영향을 미칩니다. 이를 해결하지 못한 채 방치하면 직장에서도 문제를 일으킬 수 있지요. '남한테 가정사를 창피해서 어떻게 말해'라는 마음을 버리고, 타인과 이야기 나눠보기를 권합니다.

애초에 혼자서 감당할 수 있는 고민에는 한계가 있습니다. 혼자서 생각해내는 해결책은 제한적이지만, 다른 사람과 상담하다 보면 그의 인생 경험을 바탕으로 새로운 해결법을 얻을 수도 있습니다.

일과 동떨어진 곳에서 맺은 인간관계가 도움이 된다

그렇다면 상담할 만한 상대는 어떻게 찾아야 할까요?

- 신뢰할 수 있는 친구
- 가정 문제라면 마음을 터놓을 수 있는 직장 동료 또는 직속 상사가 아닌 선배 등
- 업무상 문제라면 가족이나 학창 시절의 친구처럼 직접적인 이해관계가 없는 사람
- 취미 활동이나 커뮤니티에서 만난 지인
- 주치의나 상담사 같은 전문가

특히 의외로 도움이 되는 존재는 **취미나 커뮤니티**처럼 일과 무관한 곳에서 알게 된 사람들입니다. 직업·경력·나이가 모두 다른 사람들이 새로운 관점에서 생각지도 못한 조언을 해줄 수도 있거든요.

고민 상담뿐만이 아니에요. 평소에 직장과 가족 외에 **제3의 공간**을 만들어두면, 시야가 넓어지는 경험을 얻을 수 있습니다.

애초에 고민 상담은 상대의 시간을 빼앗는 일이기도 합니다. 일방적으로 이야기만 하기보다는, 상대의 조언에 겸손하게 귀를 기울이고, 감사의 마음을 알맞게 표현하는 자세를 잊지 마세요.

가까운 사람에게는 오히려 말하기가 어려울 때도 있습니다. 그럴 때는 **주치의**나 **상담사** 같은 전문가에게 이야기하는 것도 하나의 방법입니다. 완전한 타인이라서 오히려 부담 없이 이야기할 수 있으니까요. 특히 상담사는 고민을 들어주는 전문가이기 때문에 당신에게 좋은 해결책을 찾아줄 겁니다.

035
스케줄을 빽빽하게 채우지 마라

일을 잘하는 사람들은 종종 **스케줄을 빽빽하게** 넣는 실수를 범합니다. 일정표의 빈칸이 하나둘 채워지는 모습을 보며, 그것을 곧 자신의 능력에 대한 증명처럼 느끼고 기뻐할 수도 있습니다. 물론 일이 순조로울 때는 좋겠지만, 이렇게 하다간 서서히 피로가 쌓여 과로로 이어질 위험이 있습니다.

작은 여백이 행복을 가져다준다

책임자 위치에 있다면 사내 주요 거래처와의 회의, 시찰, 출장까지 자칫하면 일정이 분 단위로 꽉 들어차게 마련입니다. 원래는 쉬어야 할 점심시간마저 '파워 런치'라는 이름 아래 업무의 연장선이 될 때도 있습니다. 긴장을 늦출 수 없는 시간이 길게 이어지면 자신도 모르게 스트레스가 점점 쌓여갑니다.

긴장 상태가 계속되면, 우리 몸에서는 아드레날린이나 노르아드레날린(노르에피네프린) 같은 흥분 물질이 분비되어 불안이나 통증을 느끼지 못합니다. 그러나 팽팽하게 버티던 실이 뚝 끊어졌을 때가 문제입니다. 단숨에 과로 증상에서 멘탈 붕괴, 심하면 우울증에 빠지는 사람도 적지 않습니다.

해결 방법은 간단합니다. **스케줄에 여백을 남기면 됩니다.** 그 작은 한 칸의 여유가 행복을 가져다줍니다.

스케줄을 남에게 맡기면 쓴맛을 볼 수도 있다

저도 스케줄을 빽빽하게 넣었다가 낭패를 본 적이 있습니다. 비서가 효율적으로 잘 짜주긴 했지만, 어느 순간부터 휴식 시간은 사라지고 점심 먹을 여유조차 없을 정도로 일정이 꽉 들어차더라고요. 그 경험이 워낙 고통스러웠기에 지금은 반드시 여백을 남겨서 일정표를 짜 달라고 부탁합니다.

스케줄 관리를 타인에게 맡길 때는 최소한 확보하고 싶은 **'여백의 시간'**을 미리 알려두는 것이 좋습니다. 그리고 일정을 관리해주는 사람과 정기적으로 **리뷰 시간**을 가지는 것도 중요합니다. 이렇게 되돌아보는 과정이 있어야 균형 잡힌 스케줄 관리를 할 수 있답니다.

036

'결정한 일'을 종이에 적어라

인생에는 중요한 갈림길에 서서 **의사 결정**을 내려야 하는 순간이 몇 번 찾아옵니다. 그때 느낀 **마음을 종이에 적어두면**, 훗날 다시 읽다가 큰 깨달음을 얻을 수 있습니다. 기분이 답답할 때도, 과거의 자신이 내린 결단을 읽으며 평정심을 되찾는 효과를 기대할 수 있지요.

업무적으로든 개인적으로든 큰 결정을 내렸다면, 미래의 나에게 편지를 쓴다는 마음으로 그때의 감정과 생각을 정리해두는 것을 추천합니다.

대표적인 큰 결정이라고 하면 이런 것들이 있습니다.

- 진학, 유학
- 취직, 이직
- 결혼
- 내 집 마련
- 부모님 요양에 관한 결정

또한 당시에는 대수롭지 않아 보이는 작은 생각이나 다짐이, 시간 지나 돌아보면 인생을 바꿀 만한 중요한 결단이었음을 깨닫는 경우도 있습니다. 예를 들면 이런 것들이지요.

- 취미를 본격적으로 시작했을 때
- 오랜 습관을 끊어냈을 때
- 특정 인간관계를 정리했을 때

종이에 적어 정리하면 마음이 가벼워진다

문장으로 정리하면 마음이 후련해지는 장점이 있습니다. 힘들게 내린 결단이라면, 글로 옮기는 과정에서 고민을 객관적으로 바라보게 되는 효과도 있습니다.

종이에 직접 써 내려가는 것이 번거롭다면, **스마트폰이나 컴퓨터에 적는 것**도 괜찮습니다. 문장을 깔끔하게 쓰는 것이 목적이 아니기 때문에, 목록으로 적든 가볍게 휘갈겨 적든 상관없습니다. 사람에 따라서는 **일러스트나 만화로 표현하는 것**이 더 편할 수도 있겠지요. 요컨대, 형식이 아니라 마음속 생각을 구체적인 글이나 그림으로 표현하는 것이 중요합니다.

037

초조할 때는 심호흡을 해라

자율신경의 균형이 무너지면, 초조함이나 두통을 비롯하여 불쾌한 증상이 나타나기 쉽습니다. 그럴 때 마음을 진정시키는 자신만의 방법을 찾아두면, 빠르게 증상을 가라앉히고 안정을 찾을 수 있습니다.

여기서는 앉은 자리에서 누구나 할 수 있는 방법 가운데, 의식적으로 심호흡하는 방법을 알려드릴게요.

영문 모를 짜증은 흐트러진 자율신경 때문일 수도

심신이 스트레스를 받으면 몸에서는 코르티솔 같은 **스트레스 호르몬**이 분비됩니다. 코르티솔은 자율신경 중 교감신경을 자극하여 신체 활동을 활발하게 만드는 역할을 하지만, 과도하게 분비되면 자율신경의 균형이 무너집니다.

그러면 이런 증상이 나타나게 됩니다.

- 초조함
- 두통
- 불면

• 두근거림, 호흡 곤란

스트레스가 심하면 우울 증상으로 이어지기도 합니다. 그래서 이유 없이 초조할 때는 자율신경이 흐트러진 것은 아닌지 의심해볼 필요가 있습니다.

자율신경은 말 그대로 '알아서 관리하는 신경', 즉 우리가 의식적으로 조절하기 어려운 신경계입니다. 하지만 직접 제어할 수 없더라도, 요령을 알면 조금이나마 균형을 되찾을 수 있습니다.

그중에서도 효과적인 방법이 바로 의식적인 심호흡입니다. 제가 평소에 업무 틈틈이 실천하고 있는 것이 '4-7-8 호흡법'입니다.

자율신경을 정돈하는 '4-7-8 호흡법'

'4-7-8 호흡법'은 미국의 의사이자 동양 의학에 조예가 깊은 앤드루 와일 박사가 고안한 방법입니다.

기본 원리는 간단합니다. 4초 동안 코로 숨을 들이쉬고 7초 동안 멈춘 뒤, 8초 동안 입으로 천천히 내쉬는 것입니다. 이처럼 깊고 느린 호흡을 하면 부교감신경이 활성화되어 몸과 마음이 자연스럽게 안정됩니다. 그래서 수면의 질이 좋아지고 집중력 향상에도 효과가 있습니다.

여기서 '4초', '7초', '8초'를 정확하게 재라는 뜻은 아닙니다. 마음속으로 '1, 2, 3, 4…' 하고 숫자를 세면 됩니다.

구체적인 순서는 이렇습니다.

① 등을 곧게 펴고 편안한 자세로 앉는다

② 혀끝을 윗앞니의 안쪽에 가볍게 댄다

③ 입을 닫고 1부터 4까지 세면서 코로 조용히 깊게 숨을 들이쉰다

④ 숨을 멈추고 1부터 7까지 세면서 그대로 유지한다

⑤ 입을 열고 1부터 8까지 세면서 천천히 숨을 내쉰다. 살짝 소리가 나도록 내쉬면 효과적이다

이 과정을 한 세트로 해서 총 4세트 반복하세요.

숫자를 세는 속도는 본인에게 편하게 맞춰도 괜찮습니다. 익숙해지면 페이스를 조금씩 늦춰보세요.

4초 동안
숨을 들이쉰다

7초 동안
숨을 멈춘다

8초 동안
숨을 내쉰다

038

스트레스 대처법을 마련해라

업무가 지지부진하거나 인간관계가 삐걱대는 등, 우리 생활에는 스트레스 요소가 끊임없이 생겨납니다. 그럴 때 계속 고민하고 끙끙대기보다는, 기분을 전환하는 것이 가장 좋습니다.

스트레스 대처법은 '질'보다 '양'이 중요

자신이 어떤 방법으로 기분 전환을 하는지 한 번 종이에 적어보세요. 예를 들어 이런 식입니다.

- 좋아하는 음악 듣기
- 당 충전하기
- 산책하기
- 너무 뜨겁지 않은 욕조에 천천히 들어가기
- 꽃 감상하기
- 근력운동 하기
- 동물 동영상 보기
- 집 청소하기

• 친구와 외식하기

무의식적으로 기분 전환을 하는 사람도 많습니다. 이런 작은 행동들 역시 그대로 **스트레스 대처법**이 됩니다.

스트레스 대처법은 많을수록 효과적입니다. 한 가지 방법을 쓰다가 기분 전환이 되지 않으면 다른 방법을 시도할 수 있으니까요.

말하자면, 스트레스 대처법은 '질'보다 '양'이 중요합니다. 아무리 효과적인 대처법이라도, 시도해보고 기분 전환이 잘되지 않으면 '소용이 없네'라며 좌절할 수도 있습니다. '나는 원래 멘탈이 약해'라고 생각하는 사람도 대처법을 여러 개 준비하세요. 선택지가 늘어나면 스트레스에 굴하지 않는 정신을 기를 수 있습니다.

스트레스 해소법의 예로 흔히 쇼핑이나 여행처럼 돈이 들어가는 활동을 떠올리는 경우도 많지요. 물론 이런 방법도 기분 전환에 도움이 되지만, 비용과 시간이 필요하다는 점이 부담일 수 있습니다. 따라서 이런 대처법도 좋지만, 그 외에도 **가볍게 시도할 수 있는 방법을 여럿 마련해두는 것**이 중요합니다.

가끔은 건강을 생각하지 말고 먹고 싶은 음식을 마음껏 먹자

제 스트레스 대처법 중 하나는 '**디저트**'와 '**고기**'입니다. 일이 많고 피곤한 날에는 죄책감을 던져둔 채 디저트를 마음껏 먹기도 하고, 스테이크나 고기구이를 듬뿍 먹어 피로를 풀어줍니다. 그야말로 특효약입니다.

물론 건강을 위해 식생활에 신경쓰는 것은 좋지만, 너무 엄격하게 제한하는 것도 오히려 역효과입니다. 가끔은 무거운 짐을 훌훌 벗어 던지는 것이 멘탈 건강에 더 중요합니다. 건강에는 좋지 않을 수 있지만, 정신적인 만족감은 때로 영양소 이상으로 중요하거든요.

또 하나, 건강을 생각하면 추천하지 못하겠지만, 제가 즉시 효과를 보는 스트레스 해소법은 이어폰을 끼고 좋아하는 음악을 크게 틀어 듣는 것입니다. 음악이 큰 음량으로 뇌에 흘러들어오면, 업무에 대한 고민에서 완전히 벗어날 수 있습니다.

짧은 순간이라도 자신만의 시간과 즐거움을 확보하는 것이 장기적인 건강 유지에 중요한 역할을 합니다.

039
멘탈을 가다듬는 운동을 해라

스트레스 해소 방법에는 여러 가지가 있지만, 그중에서도 몸을 움직이는 것은 정석 중의 정석입니다. 운동을 하면 혈액순환이 좋아지고 긍정적인 마음이 생긴다는 점에서 효과적이지요. 특히 **일정한 박자에 맞춰서 하는 운동**은 머리를 깨끗이 비워주어 뇌가 휴식할 수 있습니다.

박자에 맞춰 움직이는 운동이 세로토닌 분비를 촉진한다

일정한 박자에 맞춰서 하는 운동은 '행복 호르몬'으로 불리는 신경전달물질 중 하나인 **세로토닌** 분비를 촉진합니다. 세로토닌은 자율신경을 정돈하고 마음을 가라앉혀 불안감이나 우울 증상을 개선하는 작용을 합니다.

대표적으로는 이런 운동을 들 수 있습니다.

- 러닝, 조깅
- 수영
- 사이클링
- 근력운동

특히 **'이동 명상**(moving meditation)'이라고 불리는 러닝, 수영, 사이클링 등은 머리를 깨끗이 비워주는 특징이 있습니다. 단조로운 동작을 반복하면 뇌가 자연스럽게 릴랙스 모드로 바뀌면서, 고민에서 해방될 수 있도록 돕습니다. 리드미컬한 호흡에 집중하며 워킹을 하는 것도 좋은 방법입니다.

근력운동도 자세나 호흡에 집중하면 멘탈을 가다듬는 데 효과적입니다. '지금 이 순간'에 의식을 집중함으로써 마음챙김(마인드풀니스) 또는 요가와 유사한 효과를 기대할 수 있지요.

다만, 스트레스 해소를 위한 운동이 오히려 '어쩔 수 없이 해야 하는 일'로 느껴지면, 역효과가 날 수도 있습니다. 마음이 편하면서 즐겁게 할 수 있는 운동을 찾아보세요. 스트레스가 이미 쌓인 상태에서는 자신의 의지로 운동을 시작하기 어려울 수 있습니다. 그럴 때는 친구나 가족 등 누군가와 함께 몸을 움직이는 것도 좋습니다. 또한 **퍼스널 트레이너** 등 전문가에게 도움을 받는 것도 좋은 방법입니다.

040

이유 없이 기운이 나지 않으면 호르몬 검사를 받아라

30대에는 열정적으로 일을 하고 힘이 넘치던 남성이, 40대가 되면서 갑자기 의욕 저하, 불안감, 피로 등의 증상을 겪는 경우가 있습니다. 이는 **남성 갱년기 장애**(LOH증후군, 후천성 성선기능저하증)일 수 있습니다. 남성 호르몬의 급격한 저하가 원인인데, 조기 발견과 적절한 대처가 매우 중요합니다.

스트레스를 줄이고 생활 습관을 돌아보자

갱년기 장애는 주로 여성만 해당한다고 생각하기 쉽지만 남성에게도 분명히 존재합니다. 남성의 갱년기 장애는 **남성호르몬(테스토스테론)**이 20대에 정점을 찍고 이후 감소하는 것이 원인으로, 이로 인해 다양한 증상을 일으킵니다. 구체적으로는 다음과 같습니다.

- 활력이나 의욕 저하
- 우울 증상
- 근력저하

• 체지방 증가

의욕이 떨어지고 기분이 울적하다고 해서 이를 단순히 우울증으로 오해하는 경우도 많습니다. 특히 업무나 개인적인 스트레스가 쌓이면 증상이 더 심해질 수 있는데, 이는 스트레스 호르몬인 **코르티솔**의 증가로 인해 테스토스테론이 감소하기 때문입니다.

이러한 증상을 개선하려면, 우선 생활 습관부터 다시 점검해야 합니다. 기본적으로 **운동**, **식사**, **수면**이 중요합니다.

적당한 운동으로는 워킹이나 조깅 같은 유산소운동, 스쿼트나 팔굽혀펴기 같은 근력운동을 조합해서 하면 효과적이고, 기분 전환에도 좋습니다. 하지만 애초에 기운이 부족한 상태일 수도 있으니, 무리하지 않는 범위에서 천천히 시작하세요.

식사는 균형 잡힌 식단이 중요합니다. 특히 생선·고기·달걀 등 양질의 단백질과 등푸른생선·견과류에 포함된 오메가-3 지방산 같은 건강한 지질이 중요합니다. 견과류에는 아연이나 비타민 D처럼 테스토스테론 생성을 돕는 성분도 포함되어 있습니다.

마지막으로 질 높은 수면도 중요합니다. 수면 중에는 자율신경의 부교감신경이 우위에 오면서, 테스토스테론 분비의 리듬이 정돈됩니다.

피로감이나 집중력 감퇴가 이어진다면 전문의에게 상담을

여성에 비해 남성은 갱년기 증상을 알아차리기 어려운 경우가 많으므로, 자신의 몸과 마음의 변화를 세심하게 살펴야 합니다. 남성 갱년기는 보통 40대 후반부터 두드러지게 나타나지만, **40대 초반에도 증상이 보이는 경우**가 있습니다. 우선 생활 습관을 점검하고, 스트레스가 쌓이고 있다고 느껴지면 **전문의에게 상담**받기를 권합니다.

사실 저도 41세 때, 그전에는 느끼지 못했던 피로감과 사기 저하를 경험했습니다. 호르몬 검사를 받은 결과, 테스토스테론 수치가 감소했다는 사실을 알게 되었지요. 이 결과를 받아들여 근력운동, 식사 개선, 적절한 호르몬 보충 요법을 도입했고 지금은 30대 후반 때보다 일에 대한 활력이 더 강해졌습니다.

남성 갱년기 장애는 조기 발견과 적절한 대처가 중요합니다. 증상을 방치하지 말고, 주저 없이 남성 건강을 전문으로 하는 의사에게 상담하세요. 적절하게 대응해서 극복하면, 오히려 인생 후반의 퍼포먼스가 향상되는 계기가 됩니다.

041

자연 속에 몸을 두어라

현대 사회에서 장시간 동안 실내에 앉아 디지털 기기와 씨름을 한다는 것은 많은 이에게 큰 스트레스 요인입니다. 게다가 출퇴근 중이나 집에 있을 때도 계속 스마트폰만 붙들고 있다 보면, 정신 건강에 해롭습니다.

가끔은 디지털 기기에서 잠시 벗어나 자연 속에 몸을 두는 시간이 꼭 필요합니다.

공원이나 카페에서 해보는 디지털 디톡스

컴퓨터와 스마트폰에 둘러싸인 생활에서 벗어나는 것을 독소를 배출하는 해독(디톡스)에 비유해, 흔히 '**디지털 디톡스**'라고 부릅니다.

디지털 디톡스는 전파가 닿지 않는 곳에서 일주일 정도 보내는 것이 이상적이지만, 현실적으로 쉽지 않습니다. 그렇게 철저하지는 않더라도, **당일치기로 도심을 벗어나 산이나 계곡 같은 자연 속에 몸을 두는 것**도 좋습니다. 동네 녹지나 공원을 산책하는 것도 충분합니다. 아이들과 함께 가도 좋고요.

도시의 공원이라도, 초록에 둘러싸이는 것만으로도 마음이 한결 편안해집니다. 동시에 햇볕을 쬐면 세로토닌 분비가 활발해지고, 자율신경의 균형도 회복됩니다. 실제로 녹지 공간을 걸으면 혈압, 심박수, 혈당치가 정상화된다는 연구 결과도 있습니다.

스마트폰을 집에 두고 산책하면 더 좋겠지만, 급한 연락이 올 수도 있는 데다가 요즘에는 지갑 대용으로 쓰기도 하니 가방이나 주머니에 넣어두세요. 단, 가급적 화면은 보지 않도록 합니다.

영 시간이 안 난다면, **카페에 가서 잠깐이라도 여유롭게 시간을 보내보세요**. 이때도 디지털 디톡스가 목적이니까 스마트폰 화면은 되도록 멀리하시고요.

저는 클리닉 근처 카페에서 허브티를 자주 마십니다. 머리를 맑게 깨우고 싶을 때는 커피가 좋지만, 일에 지친 뇌를 쉬게 하고 스트레스를 풀어주는 데에는 허브티가 정말 좋거든요.

산책을 한다면 아침이 효과적

산책은 시간대를 타지는 않지만, 정신 건강에는 아침 시간대가 가장 효과적입니다. 아침에 햇볕을 쬐면 **세로토닌**이 활성화되고, 부교감신경이 우위에 있던 상태에서 교감신경이 차차 우위인 상태로 변화합니다. 즉, 잠자고 있던 상태에서 각성 상태로 몸이 자연스럽게 전환되면서 몸과 마음이 시원하게 깨어나는 효과를 볼 수 있지요.

그리고 비가 그친 아침이라면, 나무에서 발산되는 향 성분인 피톤치드가 몸과 마음을 치유하는 데 도움을 줄 것입니다.

햇볕을 쬐는 것은 수면의 질 향상에도 효과적입니다. 우리의 수면은 뇌내 물질인 **멜라토닌**이 유도해주는데, 날이 저물면 합성이 시작되고 눈을 감으면 분비가 시작됩니다. 하지만 체내 멜라토닌이 부족하면, 눈을 감았는데도 잠이 잘 오지 않습니다. 이게 바로 불면증의 원인 중 하나이지요.

사실 멜라토닌의 원료가 되는 것이 세로토닌이며, 낮 동안 햇빛을 받지 못하는 생활이 이어지면 세로토닌 분비가 억제되어 멜라토닌도 부족해지는 구조입니다. 따라서 꿀잠을 자고 싶다면, 가끔은 자연 속에 몸을 두고 햇볕을 쬐는 것이 중요합니다.

042
창의적인 세계에 발을 들여라

미술이든 음악이든 뛰어난 예술을 접했을 때, 우리는 **몸속에서 끓어오르는 감정에 흔들리곤** 합니다. 창의적인 작품을 보면, 평소에 잘 사용하지 않는 뇌의 부분이 활성화되는 것이지요.

권태롭기 짝이 없는 업무만 처리하고 자극 없는 나날을 보내고 있으면, 기분이 점점 다운되고 멘탈도 가라앉게 마련입니다. 가끔은 창의적인 것을 보고 자극을 받는 것이 정신적으로 좋은 영향을 미칩니다.

저는 도쿄 노기자카에 있는 국립신미술관을 자주 찾습니다. 탁 트인 개방적인 공간 때문인지, 제 마음이 활짝 열리는 기분이 들거든요.

제 친구 나가나와 다쿠야 씨는 치과의사이자 현대미술 작가로도 활약하고 있습니다. 그의 현대 아트 전시회에 가면, 매번 큰 자극을 받습니다. 저는 또한 시부사와 에이치 씨를 좋아하는데, 순수 예술과는 조금 다르지만 그와 관련된 골동품 전시회도 종종 찾아가고, 경매에 참여해 작품을 구입하기도 합니다.

슬픈 영화를 보고 감동의 눈물을 흘리는 것도 멘탈에 좋다

영화나 콘서트, 개그 라이브 등 감정을 동요시키는 작품을 보는 것도 좋습니다.

슬픈 영화를 보고 감동의 눈물을 흘리는 것 역시 멘탈 건강에 아주 긍정적인 효과를 줍니다. 실제로 감동의 눈물을 흘린 사람을 대상으로 한 실험에서는, 사고와 판단을 담당하는 뇌의 전두마에노(전두엽과 이성적 판단 회로인 마에노를 연결하는 신경 회로)에서 뇌 혈류량이 증가했다는 결과가 나왔습니다.

슬픔이나 억울함 때문에 나오는 눈물과는 달리, 감동의 눈물에는 스트레스 완화 효과가 있습니다. 그래서 눈물을 흘린 후 기분이 말끔해진 느낌을 받는 것이지요.

감동의 눈물을 흘리면, 교감신경 활성화 상태에서 부교감신경 활성화 상태로 전환됩니다. 즉, 밤에 잠자기 직전의 편안한 상태가 낮에도 일어나는 것이지요. 일에 쫓겨 지친 주말에는 아무도 없는 방에서 영화를 보며 실컷 우는 것도 정서 회복에 큰 도움이 될 수 있습니다.

043

가사 대행을 이용해라

여행을 떠나면 마음이 정화되는 듯한 경험은 많이들 해봤을 것입니다. 그 이유는 여러 가지지만, 그중에서도 집안일을 하지 않아도 된다는 점이 큰 역할을 하지 않을까 싶습니다.

평소 생활할 때는 바깥에서의 일도 바쁘고, 집에 가면 또 집안일을 해야 합니다. 밥을 먹고 나면 그릇을 치워야 하고, 빨래·방 청소·택배 정리 등 해야 할 일이 산더미처럼 쌓여 있습니다. 일과 집안일을 모두 해내는 것은 큰 스트레스의 원인입니다.

정신적인 여유는 돈으로 매길 수 없는 가치가 있다

여기서 제안하고 싶은 것은 가사 대행 서비스입니다. 일이 바쁘고 지쳐 있을 때, **가사 대행을 부탁하여 업무 외의 일을 줄이는 것**도 좋은 방법입니다.

사실 저도 가사 대행을 가끔 이용하고 있습니다. 제 아내도 의사로서 늘 바쁜 일정을 보내고 있는데, 그녀는 '가사 대행을 이용한 후로는 **정신적인 여유가 생겼다**'고 말합니다. 물론 비용이 들긴 하지만, 그에 걸맞은 가치를 충분히 느낄 수 있습니다. 스트레스를 안고 생활하며 정신적으로 피폐해지거나 가족 간 불화가 생기는 상황을 생각하면, 결코 비싸지 않다고 느껴집니다. 만약 컨디션 조절에 실패하여 병원에 가거나 입원하게 된다면, 그 비용이 몇 배 몇십 배는 더 들겠지요.

문제가 돈으로 해결될 수 있다면, 그보다 더 좋은 일은 없습니다. 비용과 장점을 잘 저울질하며 검토해보세요.

CHAPTER 06

수면의 질을 높이고 싶어요

꿀잠을 방해하는 원인을 밝혀내라

044

밤중에 화장실 때문에 깨지 않게 해라

40대가 되면, 수면 도중 화장실에 가야 해서 잠에서 깨는 사람이 늘어납니다. 이는 '**야간 빈뇨**'라는 증상인데, 새벽에 한 번이라도 화장실에 가기 위해 일어나는 경우 이 증상이 있다고 진단합니다.

야간 빈뇨는 잠이 중간에 끊기는 '**중도 각성**'이 반복되기 때문에 숙면을 취하기가 어려워지고, 수면의 질이 떨어지는 원인입니다.

다양한 원인으로 나타나는 야간 빈뇨

야간 빈뇨의 원인은 아주 많은데, 주요 원인을 아래와 같이 정리하겠습니다.

- 잠자기 전 과도한 수분 섭취
- 알코올 또는 카페인 과다 섭취
- 다리 부종
- 과민성 방광, 전립선 비대증 등의 질환
- 수면 무호흡증

당연한 말이지만 잠들기 직전에 수분을 많이 섭취하면, 수면 중 화장실에 가기 위해 잠에서 깨게 됩니다. 물을 마시고 나서 소변으로 배출되기까지 약 3~6시간 걸린다고 하니, 최소한 **잠자기 3시간 전부터는 물을 많이 마시지 않도록** 하세요.

다만, 무리하게 참는 것도 좋지 않습니다. 수면 중 체내 수분이 부족해지면 오히려 수면의 질이 떨어질 수 있습니다. 특히 여름철 더운 시기에는 탈수 증상을 일으킬 위험이 있으니, 적당한 양은 꼭 마셔야겠지요.

또한 **알코올과 카페인은 모두 이뇨 작용을 합니다.** 업무 스트레스를 풀기 위해 저녁에 곁들여 마시는 반주는 포기하기 어렵지만, 새벽에 화장실 때문에 잠에서 깨 곤란한 사람은 잠깐 참아보고 증상이 개선되는지 관찰해보세요.

카페인은 방광을 자극하는 작용도 있으므로, 야간 빈뇨에 시달린다면 자기 전은 물론이고 낮에도 커피, 녹차, 홍차 등을 과하게 마시지 않도록 주의하세요.

워킹이나 근력운동으로 다리의 혈액순환을 개선하자

다리 부종 때문에 야간 빈뇨를 겪는 사람도 사실 많습니다. 다리 부종은 나이가 들거나 운동 부족으로 혈액순환이 나빠지면서, 혈관에서 수분이 빠져나와 생깁니다.

다리가 부은 상태로 누워서 잠을 자면, 이번에는 세포 사이에 쌓여 있던 수분이 다시 혈관 안으로 돌아갑니다. 이때 혈중에 늘어난 수분을 줄이기 위해 대량의 소변이 만들어집니다. 따라서 다리 부종을 해소하면 야간 빈뇨 증상이 호전되는 경우가 있습니다.

그렇다면 다리 부종을 줄이려면 어떻게 해야 할까요? 핵심은 다리의 혈액순환을 개선하는 것, 그중에서도 종아리 근육이 중요합니다. 종아리는 **'제2의 심장'**이라고 불릴 만큼, 온몸의 혈액순환을 돕는 펌프 역할을 합니다.

종아리 근육을 움직이는 가벼운 운동으로는 **워킹**이 효과적입니다. 취침 4~5시간 전까지 다리 부종을 없애면, 새벽에 생성되는 소변의 양을 줄일 수 있습니다. 만약 밤 11시에 잠을 잔다면, 저녁 무렵 30분 정도 워킹이나 산책을 해보세요. 또한 종아리 근력을 단련하는 **근력운동**도 추천합니다. 종아리가 튼튼해지면 부종 자체가 잘 생기지 않습니다.

이렇게 생활 습관을 조절해봤는데도 증상이 나아지지 않는다면, **과민성 방광**이나 **전립선 비대증**, **수면 무호흡증** 등의 질병이 원인일 수 있으니, 전문의에게 상담할 것을 권합니다.

045
코골이를 하는 사람은 옆으로 누워 자라

질 좋은 수면에 **코골이**는 천적입니다. 코골이는 기도로 공기가 잘 통하지 않을 때 발생하기 때문에, 증상이 계속되면 뇌를 포함한 전신에 산소가 충분히 공급되지 않습니다. 그 결과, 수면이 얕아지고 수면의 질이 떨어집니다. 아침에 일어났을 때 머리가 유난히 무겁게 느껴진다면 새벽 동안 코골이가 있었을 가능성이 있습니다.

옆으로 누워 자면 코골이가 약 70% 개선된다

일반적으로 몸을 일으켜 앉아 있을 때나 서 있을 때는, 주변 근육이 기도를 잘 떠받치고 있습니다. 기도의 넓이가 충분히 확보되었다는 뜻이므로 코를 골 일이 없지요. 하지만 잠을 잘 때는 근육 활동이 느려지고 혀가 목 안쪽으로 떨어지거나 코가 막히면서 기도가 좁아집니다.

특히 코는 천장을 보고 누워 잘 때 더 골기 쉽습니다. 중력 때문에 혀 안쪽이 점점 아래로 처지기 때문이지요. 그래서 코골이가 있는 사람은 **옆으로 누워 자는 것**을 추천합니다. 그러면 혀가 내려앉지 않아 기도의 넓이를 확보할 수 있습니다. 실제로 단순 코골이는 옆으로 누워 자면 **약 70% 개선**된다는 보고도 있습니다.

다만, **역류성 식도염**이 있는 사람은 오른쪽으로 누워서 자면 증상이 악화될 수 있으므로 주의해야 합니다. 되도록 왼쪽으로 누워서 자야 합니다.

비만 역시 코골이와 관련있습니다. 목 주변에 붙은 지방 때문에 기도가 좁아져, 옆으로 누워 잔다고 해도 코골이가 개선되지 않을 수 있습니다. 이런 경우에는 감량이 가장 효과적인 대책입니다.

자기 전에 **알코올**을 섭취하면, 혀와 목근육이 잘 풀어집니다. 그러면 혀 안쪽이 가라앉아 기도를 막기 때문에 코를 골 수 있는 상태가 됩니다. 또한 **흡연**은 목에 염증을 일으켜 기도를 더 좁게 만들기 때문에 코골이의 원인이 될 수 있습니다. 코골이를 개선하고 싶다면, 음주는 자제하고 금연을 실천하는 것이 좋습니다.

마지막으로, **편도 비대**나 **코막힘** 역시 기도를 좁게 만들어 코골이를 유발할 수 있습니다. 코막힘은 꽃가루나 집먼지 같은 알레르기 때문에도 쉽게 생길 수 있으니 주의가 필요합니다.

수면 무호흡증은 반드시 치료하자

코골이의 원인 중 하나는 **수면 무호흡증**입니다. 수면 중에 호흡이 얕아지거나 일시적으로 멈추는 질환으로, 상태가 심해지면 잠자는 동안 호흡이 여러 차례 멈추기 때문에 같이 사는 가족이 먼저 눈치채는 경우가 있습니다.

수면 무호흡증이 의심된다면 전문의와 상담하세요. 병원에서는 수면다원검사(폴리솜노그램, PSG)를 통해 의사가 정확한 진단을 내릴 것입니다.

검사 결과 중증으로 판단되면, 코에 착용하는 마스크를 통해 공기를 불어넣는 **지속적 양압호흡기(CPAP)** 치료를 합니다. 공기의 압력으로 기도에 공기가 통하는 길을 확보하는 것이지요. 처음에는 '마스크 때문에 답답하다', '잠자는 자세를 바꾸기 어렵다'라며 불편을 호소하는 게 일반적이지만, 1~2주 정도 꾸준히 사용하면 몸이 적응해서 오히려 마스크 없이는 잠을 못 잔다는 분들도 적지 않습니다.

무엇보다 수면 무호흡증은 심하면 고혈압이나 심질환의 위험을 높이기 때문에 방치해서는 안 됩니다. 적절한 치료는 수면의 질을 높여 주고, 나아가 장기적으로 건강을 유지하기 위해서도 꼭 필요합니다.

046
애플리케이션이나 디바이스를 활용해라

최근에는 수면의 질을 높이는 데 도움을 주는 **스마트폰 애플리케이션**이나 손목시계, 링 타입의 **웨어러블 디바이스**가 널리 보급되고 있습니다.

수면 문제로 어려움을 겪고 있다면, 수면 상태를 시각화하거나 상쾌한 기상을 돕는 앱 또는 디바이스를 활용해보는 것은 어떨까요?

여기서는 대표적인 애플리케이션과 디바이스를 소개하겠습니다.

수면의 시각화는 자기 관리의 첫걸음

가볍게 시작해보고 싶다면 스마트폰 애플리케이션이 좋습니다. iOS와 안드로이드 어디서나 사용할 수 있는 수면 앱은 종류도 다양합니다. 수면 상황을 그래프나 표로 시각화해주기 때문에, 자신이 어떤 수면을 취하고 있는지 파악이 가능합니다.

충분히 휴식하고 있는지 의식해서 자기 관리를 할 수 있으므로 수면의 질이 올라가겠지요.

• 포켓몬 슬립

스마트폰을 베갯머리에 두고 잠을 자면, 수면에 들어간 시간과 수면 중의 움직임, 코골이와 잠꼬대 등 수면 데이터를 자동으로 기록합니다. 수집된 데이터를 바탕으로 게임을 진행하는 방식이라, 마치 게임을 즐기듯 수면 리듬을 정돈할 수 있습니다.

- 슬립 사이클

기본적인 수면 데이터와 코골이 녹음을 기반으로 수면 패턴을 분석하고, 상세한 리포트를 제공합니다. 특히 수면이 얕아지는 타이밍을 감지해서 쾌적한 기상을 돕는 스마트폰 알람 기능이 매우 유용합니다.

정확한 의료 데이터를 제공하는 웨어러블 디바이스

- 오우라 링

손가락에 끼우기만 해도 수면, 활동량, 심장 상태, 스트레스 등 다양한 건강 정보를 정밀하게 수집합니다. 수면에 대해서는 수면 중의 움직임, 체표 온도, 안정 시 심박수, 심박 변동(HRV), 호흡수 등의 데이터를 기반으로 개인 맞춤형 개선 방법을 조언해줍니다.

- 애플 워치

손목시계 타입의 디바이스인 애플 워치는 수면 앱 오토슬립과 함께 사용하면 더 효과적입니다. 애플 워치를 차고 잠을 자면, 수면에 관한 상세한 정보를 수집해줍니다. 총 수면 시간, 양질의 수면, 깊은 수면, 심박수를 비롯해 다양한 수면 데이터를 상세하게 기록하며, 과거 2주간의 수면 경향도 확인할 수 있습니다. 잠드는 데 시간이 걸리는 사람을 위한 사운드 기능, 기분 좋게 아침을 맞고 싶은 사람을 위해 얕은 수면 타이밍에 잠을 깨워주는 알람 기능이 편리합니다.

그 밖에도 다양한 종류의 수면 앱과 디바이스가 있으니, 자신에게 맞는 것을 찾아 활용해보세요.

047
수면 부채를 청산해라

만성적인 수면부족이 이어지면, 몸과 마음에 심각한 영향이 나타납니다. 이는 단순히 생활과 업무의 질을 떨어뜨리는 데 그치지 않고, 우울 증상, 암, 치매 등으로 이어질 위험도 있습니다.

수면 부채가 쌓이면 집중력저하나 사고의 원인이 된다

수면부족이 지속되면, 마치 빚이 눈덩이처럼 불어나는 모양에 비유해 '**수면 부채**'라고 부르는 경우가 있습니다. 예를 들어 평소 7시간을 자는 사람이 5시간만 자는 상태가 이어지면, 열흘이면 20시간, 한 달이면 60시간의 수면 부채가 쌓입니다. 이렇게 빚더미에 쌓이면 일상생활에 영향을 받듯, 수면 부채가 늘어나면 몸과 마음에도 좋지 않은 영향이 나타납니다. 충분히 잔 것 같은데도 아침에 눈이 잘 떠지지 않거나 낮 동안 졸음이 계속되고 의욕이 떨어진다면, 수면 부채가 쌓였을 가능성이 있습니다. 실제로 과거에는 트럭이나 버스 운전사의 마이크로 수면으로 인한 대형 사고가 보도되기도 했습니다.

저 역시 업무 중에 잠시 집중력이 끊어지는 '**마이크로 수면**'을 경험한 적이 있습니다. 그 순간, 수면 부채가 상당히 쌓여 있음을 느꼈지요.

그렇다면, 자신에게 수면 부채가 얼마나 쌓여 있는지 확인할 방법은 없을까요?

시험 삼아 휴일에 알람을 맞추지 않고 일어나고 싶을 때 일어나보세요. 평소에 충분한 수면을 취하고 있다면 평상시대로 비슷한 시간에 눈이 떠질 것입니다. 하지만 두세 시간 늦게 일어났다면, 수면 부채가 쌓였다고 추측할 수 있습니다.

수면 부채를 단숨에 청산하기란 어렵다

빚을 청산하는 가장 좋은 방법은 돈을 갚는 것입니다. 그와 마찬가지로, 수면 부채를 해소하는 가장 확실한 방법은 부족한 만큼 잠을 보충하는 것입니다.

그렇다면 휴일에 밀린 잠을 한꺼번에 몰아서 자면 해결될까요? 그렇지 않습니다. **잠을 너무 오래 자면 일상생활의 리듬이 흐트러져** 오히려 역효과가 날 수 있습니다. 마치 시차에 적응하지 못한 듯한 상태가 이어지니까요.

주말 동안 수면부족을 만회하겠다며 계속 잠만 잤더니, 정작 월요일 아침 컨디션이 더 나빠졌던 경험이 있지 않은가요? 저 역시 휴일에 12시간 넘게 잠으로써 회복하려고 했다가, 오히려 체내시계가 흐트러져 다음 날 몸 상태가 더 나빠진 적이 있습니다. 수면 부채는 조금씩 갚아나가는 것이 이상적이며, 무리해서 한 번에 해결하려 했다가는 또 다른 문제가 발생합니다.

저는 평일에도 최소 6시간은 수면 시간을 확보하려고 노력합니다. 물론 최적의 수면 시간은 사람마다 다릅니다. 최근 연구에서는 수면 시간이 4시간 미만이거나 반대로 10시간 이상인 사람은 사망 위험이 높아진다는 보고도 있습니다. **잠을 너무 적게 자거나 너무 많이 자는 것 모두 건강에 좋지 않다**는 것이지요.

자신에게 맞는 최적의 수면 시간을 알고 싶다면, 5일 동안 알람을 맞추지 않고 자연스럽게 깰 때까지 잠을 자보세요. 수면부족 상태라면 첫날은 오래 잠을 자겠지만, 이후 수면부족이 해소되면서 점점 최상의 수면 시간에 다가가게 됩니다. 그리고 다섯째 날의 수면 시간이 자신에게 맞는 수면 시간이라고 볼 수 있습니다.

048
'밤샘'한 날은 충분히 쉬어라

건강을 유지하려면 규칙적인 생활이 중요하다는 사실은 누구나 알고 있습니다. 그럼에도 현대 사회에서는 늦은 밤까지 일을 해야 하는 상황이 종종 찾아옵니다. 이른바 필수 노동자처럼 교대 근무를 해야 하는 사람들도 적지 않습니다. 이처럼 불규칙한 생활 패턴 속에서 일하는 사람은 수면을 취할 때 어떤 점을 특히 주의해야 할까요?

교대 근무나 밤샘 업무는 자율신경의 불균형으로 이어진다

교대 근무를 하는 트럭 운전사, 당직 의사나 간호사들처럼 밤새워 일하는 직업군은 충분히 쉬어야 하는 의무가 있습니다. 이때 밤샘 업무를 한 날을 어떻게 보내느냐가 중요합니다.

자율신경은 낮에는 교감신경, 밤에는 부교감신경이 우위에 오르며 약 반나절 주기로 전환되는 구조입니다. 그러나 교대 근무나 불규칙한 생활로 인해 수면과 각성 리듬이 무너지면, 자율신경의 균형이 깨지죠. 그 결과 컨디션 불량이 몸과 마음에 모두 나타나고, 이는 수면의 질을 저하해 계속 자율신경을 흐트러뜨리는 악순환에 빠지고 맙니다.

저도 젊은 시절, 36시간 연속 근무를 한 적이 있습니다. 일이 끝나고 옷을 갈아입기 위해 라커룸에 갔는데, **거기서 의자에 앉은 채 그대로 잠들어 결국 집에 돌아가지 못했습니다.**

밤샘하거나 그에 준하는 강도 높은 근무를 했을 때는 충분한 휴식이 필수입니다. 다만, 얼마나 자야 하는지는 당시의 몸 상태, 생활 리듬, 다음 근무 일정에 따라 달라집니다.

야근으로 인해 육체적으로나 정신적으로 크게 지친 상태라면, 당연한 말이지만 무리하지 말고 충분한 수면을 취하여 몸과 마음의 회복을 우선으로 두세요. 양질의 수면은 성장 호르몬 분비를 촉진하는데, 이 호르몬은 손상된 세포를 복구하고 피로를 회복하는 작용을 합니다. 하지만 피로를 방치하면 만성적인 컨디션 저하나 근무 퍼포먼스의 악화를 유발하고, 나아가 각종 질병을 일으키는 원인이 됩니다.

교대 근무로 밤을 새운 날에 피해야 할 일

밤샘 근무를 마친 뒤 장시간 잠을 자면, 체내시계가 흐트러져 다음 근무나 일상생활의 리듬에 영향을 줄 수 있습니다. 주·야간 근무가 섞여 있는 교대 근무의 경우, 야간 근무 직후에는 아무리 피곤해도 너무 많이 자지 않는 것이 중요합니다. 이때 8시간 동안 깊게 자버리면, 밤이 되어도 잠이 오지 않아 체내시계가 완전히 뒤틀리기 때문이에요. 이를 피하려면, 알람을 맞춰서 **세 시간 정도만 자고 일어나도록 노력하는 것**이 좋습니다. 그리고 햇볕을 쬐거나 가벼운 운동을 해서 체내시계를 다시 맞추고, 이제 밤까지 최대한 버티기에 들어갑니다. 이렇게 하면 체내시계가 크게 어긋나지 않습니다.

반대로, 주간 근무에서 야간 근무로 넘어가는 날, 즉 야간 근무가 예정된 날 아침에는 알람을 맞추지 말고 충분히 자거나 낮잠을 조금 자두는 것이 좋습니다. 이렇게 하면 야간 근무 중에 졸음이 덜합니다.

야간 근무 후에는 일을 마쳤다는 해방감이 밀려오지만, 이때 술을 마시면 일시적으로 편안함을 느낄 수는 있어도 수면의 질은 떨어집니다. 수면이 얕아질 뿐 아니라, 이뇨 작용 때문에 탈수 증상이 생겨 피로를 풀기가 더 어려워집니다. 릴랙스를 원한다면, 카페인 없는 음료를 추천합니다.

한 번 어긋난 체내시계를 되돌리려면, 기상 시각을 일정하게 유지해보세요. 즉, 매일 정해진 시간에 알람을 맞춰 일어나고, 밤에는 졸릴 때 자연스럽게 잠드는 패턴을 만드는 것입니다. 한 번 실천해보세요.

049
혈당과 혈압이 오르면 의사에게 상담해라

수면과 자율신경, 그리고 혈당과 혈압은 밀접한 관련이 있습니다. 스트레스가 쌓이거나 생활 습관이 흐트러져 밤에 잠들지 못하는 상태가 지속되면, 교감신경이 우위에 오르는 경향이 있어 **혈압과 혈당이 상승합니다**.

또한 늦은 밤까지 깨어 있다 보면 입이 심심해져 야식을 먹게 되곤 합니다. 그러면 자연스럽게 섭취 열량이 늘어나 비만으로 이어지고, 비만은 코골이를 유발하여 수면의 질을 떨어뜨립니다.

게다가 호르몬의 영향도 있다는 사실이 밝혀졌습니다. 수면 시간이 짧은 사람은 식욕을 억제하는 렙틴이 감소하고, 식욕을 돋우는 그렐린이 증가합니다. 이 때문에 다시 살이 찌고 수면이 부족해져 또 먹게 되는 악순환에 빠질 수 있습니다.

잠든 뒤 90분 동안은 숙면을 취해라

그렇다면 수면 시간을 최대한 길게 확보하는 것이 좋을까요? 반드시 그렇지는 않습니다. 너무 오래 자면 체내시계를 흐트러뜨릴 가능성이 있기 때문입니다. 그래서 **잠든 뒤 90분**이 중요합니다. 이때 잠을 잘 자면 수면이 가장 깊어집니다. 그러면 성장 호르몬이 분비되어 손상된 세포가 회복됩니다. 이렇게 해야 양질의 수면을 취할 수 있지요.

그렇다면 첫 90분 동안 깨지 않고 깊이 잠들려면 어떻게 해야 할까요? 먼저, 잠들기 직전에는 아무것도 먹지 마세요. 잠자기 직전에 음식을 먹으면 소화기관이 활발히 움직여 몸이 활성 상태가 됩니다. 그러면 깊은 잠이 들기 어렵지요. 알코올이나 카페인처럼 자극을 주는 음식물도 잠자기 직전에는 피하세요. 그리고 입욕을 통해 몸을 따뜻하게 덥히는 것도 질 좋은 수면을 위해 빼놓을 수 없지요.

이렇게 노력하는데도 만성적 불면이 계속된다면, 수면 클리닉이나 수면 전문의에게 상담하는 것이 좋습니다. 전문의는 수면다원검사를 통해 수면의 질, 수면 무호흡 여부 등을 평가하여 불면의 원인을 분석해줍니다.

한편으로 **혈압과 혈당 치료를 통해 수면의 질이 개선되는 경우**도 있습니다. 즉, 혈압과 혈당을 높이던 원인이 따로 있었는데, 그게 치료되면서 잠이 깊어지는 경우입니다. 따라서 건강검진이나 정밀 검사를 통해 혈압이나 혈당이 높다는 지적을 받았다면, 의사와 상담하여 생활 습관을 바로잡고 적절한 치료를 받는 것이 중요합니다.

050
출장 갔을 때는 방의 온도에 주의해라

출장을 가면 잠을 자기가 어렵다는 분도 많습니다. 출장을 가서 잠을 잔다는 것 자체가 비일상이기 때문에 익숙지 않은 환경에서 긴장감 때문에 잠을 설치는 경우가 생깁니다. 베개가 바뀌면 잠들지 못한다는 말이 있을 정도니까요.

환경 변화에 민감한 사람일수록 출장 갔을 때 불면을 겪기 쉽습니다. 직업 특성상 출장이 잦은데 호텔에서 항상 충분히 잠을 이루지 못한다면, 몸과 마음에 상당한 스트레스가 될 수 있습니다.

환경이 바뀌면 쉽게 잠들지 못하는 이유는 자율신경계의 **교감신경**이 우위에 있기 때문입니다. 교감신경은 몸을 긴장시키고, 심박수와 체온을 끌어올리는 역할을 합니다. 즉, 익숙하지 않은 환경에 있을 때 자율신경은 심신을 활발히 움직여 '전투 태세'로 만드는 것이지요.

특히 '실온'과 '습도'의 영향이 크다

출장을 가서도 심신을 안정시켜 질 좋은 수면을 취하려면, 평소 잠자는 환경과 최대한 비슷하게 만드는 것이 중요합니다. 특히 실온과 습도의 영향은 매우 크지요.

- 에어컨을 조절해 너무 덥지도 춥지도 않은 적정 온도로 맞춘다
- 젖은 수건을 걸어두거나, 욕조에 따뜻한 물을 조금 받아 습도를 높인다

대부분의 호텔에서는 방마다 난방과 냉방을 개별로 조절할 수 있습니다. 먼저, 너무 춥지도 덥지도 않은 쾌적한 온도를 맞춰주세요. 문제는 습도입니다. 호텔은 공조 시스템 때문에 공기가 쉽게 건조해지고, 이 건조함이 잠드는 데 방해되어 수면의 질을 떨어뜨립니다.

저는 출장을 갈 때마다 습도를 높이기 위해 간단한 방법을 사용합니다. 예를 들어 **수건을 적셔 걸어두는 방법** 등이죠. 대학 입시 시절에 방의 건조를 막는 방법을 책에서 읽은 후로는 자주 실천하고 있습니다. 이 방법은 특히 겨울철에 출장을 가면 정말 많은 도움이 됩니다. 또한 **욕조에 물을 조금 받아두고 욕실 문을 열어두는 방법**도 효과적입니다.

호텔에 따라서는 **가습기** 대여 서비스를 제공하니, 프런트에 요청해 보세요.

다음 날 퍼포먼스를 높이려면

평소 잠들기 전 루틴이 있는 분은 출장에 가서도 가능한 범위에서 실천해보길 바랍니다. 예를 들어 목욕 후 **스트레칭**, **따뜻한 우유** 마시기, 가벼운 **독서** 등은 출장 때도 조금만 신경쓰면 충분히 할 수 있습니다. 익숙하지 않은 환경이라도 자신만의 '수면 의식'이 있으면 안정감이 다릅니다. 그러면 다음 날의 업무 퍼포먼스도 달라집니다. 평소 입는 잠

옷을 챙겨가는 것도 좋은 방법입니다.

출장은 대부분 장거리 이동을 동반합니다. 몸은 이미 피로한 상태일 텐데도 잠이 오지 않는 이유는 마음속에 걱정거리가 있기 때문일 수도 있어요. 예를 들어 다음 날 중요한 미팅이 예정되어 있거나, 새로운 사람을 만나야 하는 상황 말입니다.

또는 그날 여기저기 다니며 많은 정보를 보고 들은 탓에 뇌가 평소보다 흥분 상태에 있어 잠들기 어려운 경우도 있습니다. 이럴 때는 다음 날의 일정이나 해야 할 일 외에도, 그날 있었던 일들을 종이에 간단히 적어보는 것을 추천합니다. 머릿속이 정리되면서 마음이 점차 차분해질 테니 꼭 시도해보세요.

CHAPTER 07

식사로 지치지 않는 몸을 만들고 싶어요

강약을 조절하면서
좋아하는 음식도 즐기자

051
'언제 먹느냐'에 신경써라

지금까지의 영양학은 주로 '무엇을 먹는가'에 초점을 맞춰왔습니다. 하지만 같은 음식이라도 **먹는 시간**에 따라 몸에서 이루어지는 작용이 달라집니다. 아침에 먹으면 퍼포먼스를 높여주는 음식이 밤에 먹으면 비만의 원인이 되는 경우가 드물지 않습니다.

그래서 최근에는 '**시간 영양학**'이 주목받고 있습니다. 이는 체내시계와 대사의 관계를 바탕으로 한 학문인데, 그 연구 성과를 일상에 적용하면 지치지 않는 몸을 만들 수 있습니다.

체내시계에 맞춘 식사가 건강을 좌우한다

우리는 유전자 수준에서 생리적 리듬을 새겨둔 **체내시계**를 갖고 있는데, 이 시계는 약 24시간 주기로 작동하며 다양한 생체 반응을 원활하게 조절합니다.

체내시계는 대사와 호르몬 분비에도 밀접하게 관여합니다. 그래서 음식을 '언제 먹느냐'가 '무엇을 먹느냐'에 못지않게 건강에 큰 영향을 미친다는 사실이 여러 연구를 통해 밝혀져왔습니다.

체내시계가 만들어내는 리듬에 맞춰 필요한 영양을 적절한 타이밍에 섭취하는 것은 건강 유지와 퍼포먼스 향상에 매우 중요한 역할을 합니다. 그럼 시간 영양학 관점에서 본 이상적인 아침, 점심, 저녁 식사를 소개하겠습니다.

- 아침: 탄수화물과 단백질을 충분히 섭취한다

  아침은 혈당을 낮추는 인슐린 작용이 가장 활발한 시간대입니다. 탄수화물을 먹어도 혈당이 급격히 오르기 어렵기 때문에, 하루의 에너지원이 되는 탄수화물을 든든하게 섭취하는 것이 좋습니다. 또한 낮 동안 세로토닌 합성을 원활하게 이루기 위해 단백질을 함께 섭취하는 것도 중요합니다.

  아침 식사를 하면 체내시계를 초기화하는 역할도 있으니, 생활 리듬이 불규칙한 사람일수록 아침을 거르지 않는 것이 중요합니다.

- 점심: 단백질과 식이섬유 중심의 식사가 이상적

  일반적으로 식후 졸음이 오는 이유는 급격히 오른 혈당을 낮추기 위해 인슐린이 대량으로 분비되기 때문입니다. 점심 이후에 집중력과 퍼포먼스가 떨어지지 않도록 하려면, 탄수화물을 줄이는 대신 단백질과 식이섬유를 중심으로 식단을 짜는 것이 좋습니다.

- 저녁: 장내 환경을 정돈하는 발효 식품이나 채소를 식단에 넣는다

  질 좋은 수면을 위해서는 저녁 식사를 잠자기 세 시간 전에 마치는 것이 좋습니다. 소화에 부담이 적은 식단을 고르고, 발효 식품이나 채소를 충분히 섭취해 장내 환경을 튼튼하게 하는 것이 중요합니다.

또한, 아침 식사부터 저녁 식사를 마칠 때까지 가능하면 10시간, 길

어도 12시간 이내로 조절하는 것이 중요합니다. 야식은 비만의 원인이 될 수 있으니 피하는 것이 좋겠지요.

이러한 시간 영양학의 기본 지식을 머리에 넣어두면, 원래 몸이 갖춘 퍼포먼스와 회복력을 최대한 활용할 수 있습니다. 저 역시 저녁을 일찍 마치고 아침 식사를 거르지 않도록 신경썼더니, 전반적인 컨디션이 안정되고 체중도 거의 최적의 상태로 돌아갔습니다.

물론, 어디까지나 이상적인 지침일 뿐, 완벽하기를 바랄 수는 없겠지요. 바쁘면 매일 이상적인 식사를 할 수 없는 것이 현실이니까요. 때로는 계획대로 되지 않는 날이 있어도 괜찮다는 여유를 가지는 것이 좋습니다.

052

술을 마실 때는 숙취를 예방해라

머리가 지끈거리고, 속이 메스껍고, 위가 더부룩한 **숙취** 증상은 괴로운 경험입니다. 숙취를 겪으면 '당분간 술 안 마실 거야!'라고 다짐하지만, 하필 그럴 때 빠질 수 없는 술 약속이 생기곤 하지요. 이때 숙취를 덜 겪는 음주법을 알아두면 도움이 되겠지요.

나의 알코올 분해 능력을 알아두자

그런데 숙취란 대체 왜 생기는 걸까요? 완전히 밝혀지진 않았지만, 알코올이 체내에서 분해되면서 생기는 '**아세트알데히드**(아세트알데하이드)'라는 독성 물질이 관련있을 것으로 추측됩니다.

술을 마시면 알코올은 위와 소장에서 흡수되고, 주로 간에서 두 단계를 거쳐 분해됩니다. 1단계에서는 알코올이 아세트알데히드로, 2단계에서는 무해한 초산으로 분해되는 것이지요.

하지만 과음을 하거나 타고난 분해 능력이 약한 경우, 간이 처리하지 못한 아세트알데히드가 몸에 남아 숙취의 원인이 됩니다. 이때 아세트알데히드를 분해하는 능력은 알데히드탈수소효소(ALDH2)라는 분해 효소를 갖고 있느냐에 좌우됩니다. 이 효소는 유전적 성질이 관계하는데, 한국인은 이 효소를 갖고 있지 않거나, 기능이 약한 것으로 알려져 있습니다.

알코올을 조금만 마셔도 메스꺼운 사람은 ALDH2가 거의 없는 체질일 가능성이 높으므로, 아예 술을 마시지 않는 것이 좋습니다. 또한 금방 얼굴이 빨개지는 사람은 ALDH2 기능이 약한 경우가 많으므로 조금만 마시는 게 좋겠지요.

반대로, ALDH2가 활발히 활동하는 사람은 술을 상당히 마셔도 멀쩡해 보입니다. 그래도 결국 한계를 넘기면 숙취가 나타납니다.

이론은 알고 있어도 실제로는 무심코 과음을 하게 되어, 다음 날 숙취 때문에 고생하며 후회하는 것이 바로 인간이지요.

저 역시 쓰디쓴 경험이 있습니다. 젊은 시절에 학회가 끝나고 참석했던 술자리였답니다. 제 발표는 다음 날이었는데, 그날 발표가 끝난 선배 의사를 따라갔다가 과음하고 말았습니다. 다음 날 아침, 간신히 눈을 뜨긴 했지만 머리가 너무 아파 크게 후회했던 기억이 있습니다.

숙취 없게 마시는 법

숙취를 예방하려면, **공복 상태에서 술을 마시지 않는 것**이 가장 중요합니다. 공복 상태에서 술을 마시면, 알코올이 곧바로 소장에 도달합니다. 그러면 알코올은 소장에서 단숨에 흡수되어 혈중에 녹아듭니다. 그런데 위 속에 음식이 들어 있으면, 알코올도 위에서 머무르기 때문에 흡수 시간을 늦출 수 있습니다.

술을 마시기 전에는 간에서 알코올을 분해하도록 촉진하는 **단백질,**

비타민 B군이 풍부한 음식이 좋습니다. 단백질이 풍부하고 비교적 칼로리가 낮은 풋콩, 두부, 치즈 등을 추천합니다. 비타민 B군이 풍부한 음식으로는 돼지고기, 닭고기, 장어나 가다랑어, 참치, 방어 회 등이 있습니다. **비타민 C**나 **리코펜**처럼 알코올 분해를 돕는 성분이 많은 토마토도 매우 좋은 안주입니다.

또한 **기름기가 많은 음식**을 먹어두면, 위 체류 시간을 늘려 알코올 흡수를 늦추는 데 도움이 됩니다. 튀김류를 안주로 먹는 것은 좋지만, 중성지방이 증가하는 원인이 될 수 있으니 과식은 금물입니다.

또한 술과 함께 물을 마셔주면 갑자기 취하지 않도록 억제해주며 알코올 때문에 생기는 탈수 증상을 완화해주는 효과가 있습니다. 알코올 도수가 높은 술을 마실 때는 물론, 와인이나 사케를 마실 때도 체이서(Chaser, 강한 술을 마시는 도중 또는 마신 뒤에 마시는 술이나 청량음료)로 물을 함께 준비하세요.

053

몸을 늙게 하는 음식은 먹지 마라

쉽게 지치지 않는 몸 혹은 병에 잘 걸리지 않는 몸을 만들기 위해서는 음식에 대한 정확한 지식이 중요합니다. 최대한 피해야 할 식품과 적극적으로 섭취해야 할 식품을 명확히 구분하면, 장기적으로 봤을 때 엄청난 차이로 이어집니다.

음식의 효용에 관한 지식을 갖추는 것이 중요하다

우리 몸을 늙게 만드는 식품으로 잘 알려진 식품들은 다음과 같습니다.

- 소시지나 햄 등의 가공육
- 가공 식품
- 백설탕이 들어간 제품
- 과자류
- 청량음료
- 패스트푸드
- 흰쌀밥

• 밀가루

이 식품들을 과도하게 섭취하면 체내에서 **당화**라는 현상이 일어나기 쉬우며, 이 과정에서 **최종당화산물(AGE)**이라 불리는 노화 촉진 물질이 생성됩니다. 문제는 AGE가 잘 분해되지 않고 체내에 축적되어 노화를 가속하는 주범이 된다는 사실입니다.

반면, 항산화 및 항당화 작용이 있어 적극적으로 섭취를 권장하는 식품들은 다음과 같습니다.

• 해조류
• 버섯류
• 낫토 등의 발효 식품
• 브로콜리 등의 십자화과 채소

물론 당화에는 다양한 원인이 있으며, 식생활뿐만 아니라 생활 습관을 전반적으로 다시 살펴보는 것이 중요합니다. 그래도 이러한 지식을 갖추고 있으면 우리 몸을 노화로부터 지키는 데 큰 도움이 됩니다.

100을 목표로 하지 말고, 20은 좋아하는 음식으로

최대한 피해야 할 식품과 적극적으로 섭취해야 할 식품에 대한 지식을 갖추면, 일상 식사에서 작은 선택의 변화가 생깁니다. 이러한 작은 변화들이 쌓이고 쌓여 장기적으로는 건강한 몸을 만드는 결과로 이어질 것입니다.

식단 관리의 가장 큰 문제는, 극단적으로 엄격하게 제한하면 오래 지속하기 어렵다는 점입니다. 다이어트 후 찾아오는 요요현상처럼, 강한 반동이 일어날 위험도 있습니다. 예를 들어, 단 음식을 너무 엄격하게 제한하면 어느 순간 참지 못하고 과자를 폭식하는 상황을 초래할 수 있습니다.

저 또한 완벽한 식단을 유지하기 어렵다는 사실은 몸소 느끼고 있습니다. 흰쌀밥이나 밀가루를 식단에서 완전히 배제하기란 현실적으로 불가능하지요. 그래서 저는 **현미밥이나 통밀빵**을 선택하는 빈도를 늘리고, 가공식품보다는 **신선식품**을 우선하며, 맥주를 벌컥벌컥 마시는 대신 진짜 과즙을 넣은 저알코올 **레몬 사와**(사와는 일종의 생과일 소주)로 바꾸는 등 어렵지 않은 대체품을 선택하도록 신경쓰고 있습니다.

100% 완벽한 식단을 목표로 하는 것이 아닙니다. 80%는 이상적인 식단을 신경써서 실천하고, 나머지 20%는 행복한 기분을 위해 살짝 건강하지 않은 식품이라도 허용하는 것이 저의 방침입니다. 20%만이라도 좋아하는 음식을 먹으면, 만족도는 크게 높아집니다. 이 방식으로 스트레스 없이 건강한 식생활을 꾸준히 이어갈 수 있습니다.

054
염분, 지질, 콜레스테롤을 과다 섭취하지 마라

건강검진이나 정밀 검사 결과를 꼼꼼히 확인하고, 의사의 조언에 따라 식단과 운동에 주의해야 합니다. '그걸 누가 몰라?' 하는 소리가 들리는 것 같네요. 하지만 바쁜 직장인들은 이를 지키지 못하는 경우가 허다합니다.

제 지인인 40대 경영자는 매번 건강검진에서 고혈압과 이상지질혈증을 지적받았지만, 일이 바쁘다는 핑계로 치료를 계속 미루었습니다. 그러던 어느 날, 갑자기 뇌경색으로 쓰러지고 말았습니다.

'지금까지 괜찮았으니까 이번에도 괜찮겠지'라고 생각하는 사람이 많은데, 이게 무조건 통하는 것은 아닙니다. 40세를 넘기는 시점부터는 그동안 조금씩 축적되었던 몸의 균열들이 한순간에 터져 나오며 심각한 질병으로 드러날 가능성이 높아집니다. 큰일이 닥치기 전에 확실한 대책을 마련해야겠지요.

과로사나 돌연사의 뒤에는 생활습관병의 그림자가

건강 진단 결과를 보고 먼저 주의해야 할 부분은 다음 수치들입니다.

• 혈압

• 혈당

• 중성지방

• LDL 콜레스테롤

이 수치들이 정상 범위를 벗어난 사람은 **생활습관병**을 조심해야 합니다. 식단에 신경을 써서 염분, 지방, 콜레스테롤 과다 섭취를 피하도록 노력해야 합니다.

최근에는 콜레스테롤 수치가 식사에 큰 영향을 받지 않는다는 의견이 일반적입니다. 하지만 이미 LDL 콜레스테롤 수치가 높은 사람들은 여전히 식사할 때 콜레스테롤 섭취를 조절하는 것이 좋습니다.

또한 앞서 언급한 네 가지 수치에 눈에 띄는 이상이 없다고 안심해서는 안 됩니다. 네 가지 항목이 각각 정상치를 살짝만 초과하더라도, 그게 복합적으로 나타나면 위험이 크게 증가합니다. 이것이 바로 **대사증후군(메타볼릭 신드롬)**입니다.

'대사증후군'이라고 하면 단순히 뚱뚱한 사람이나 비만 상태를 뜻하는 말로 오해하곤 합니다. 그러나 원래 대사증후군은 **내장지방**이 쌓이고, 거기에 고혈압과 이상지질혈증, 고혈당 등 여러 증상이 겹친 상태를 말합니다.

이 상태가 지속되면 동맥경화가 서서히 진행되고, 일정 수준을 넘어서는 순간 뇌졸중이나 심근경색 같은 심혈관질환을 유발하게 됩니다.

겉으로는 비만처럼 보이지 않더라도, 대사증후군일 가능성은 충분히 있습니다. 검진에서 대사증후군으로 진단받았다면, 즉시 의사의 지시에 따라 식단과 운동에 주의를 기울여야 합니다.

미디어에서는 종종 과로사 문제를 보도합니다. 하지만 40대 이상의 과로사는 그 이면에 생활습관병이 숨어 있는 경우가 많습니다. 이미 동맥경화가 진행된 상태에서 과로나 스트레스가 트리거가 되어 뇌졸중이나 심근경색을 일으키는 것이지요.

이러한 질병의 위험성을 알려주는 가장 중요한 정보는, 다름 아닌 건강검진 데이터입니다. 검진 결과를 나 몰라라 하지 말고, 발견 즉시 대책을 마련해야 합니다.

055

통풍을 예방해라

흔히 '바람만 불어도 아프다'는 것이 바로 **통풍**입니다. 그만큼 발작 시 극심한 통증을 동반하는 것이 특징인데요. 예전에 통풍 발작을 일으킨 40대 환자분이 "살면서 이렇게 아픈 건 처음이야. 10점 만점에 11점이다!"라고 표현했던 것이 인상에 남을 정도입니다.

'통풍은 **퓨린**이 많은 맥주나 생선 알만 안 먹으면 된다'고 생각하는 분들이 많은데, 결코 그렇지 않습니다. 통풍의 원인은 생각지도 못한 일상생활 곳곳에 숨어 있습니다.

최근 젊은 통풍 환자들이 늘고 있다

통풍은 체내에 **요산**이 과도하게 축적되어 발생하는 질환입니다. 요산 결정이 관절에 침착되어 격한 통증을 유발하는 것이 바로 통풍 발작인데, 특히 엄지발가락 관절 부위에 염증이 발생하기 쉽다고 합니다.

통풍은 유전적 요소가 큰 비중을 차지하지만, 역시 생활 습관에도 크게 좌우됩니다. 통풍 발병에 영향을 주는 주요 생활 습관은 다음과 같습니다.

• 식생활의 서구화
• 체내 수분 부족
• 스트레스

젊은 층에서 통풍 환자가 늘어난다는 사실을 임상 현장에서도 자주 듣습니다. **20대 후반**의 대기업 무역상사 직원이 늦은 밤까지 손님 접대를 하는 날들이 이어지다 갑작스러운 통증을 겪었다는 이야기도 들었습니다.

스트레스 자체가 통풍의 직접적인 원인이라기보다는, 스트레스를 해소하려고 폭음과 폭식을 하거나 격렬한 운동으로 수분이 부족해지는 상황들이 통풍을 유발하는 원인이 됩니다.

통풍 예방은 금주, 수분 섭취, 비만 관리

통풍 발작은 재발하기 쉽습니다. 효과적으로 예방하기 위해서는 다음과 같은 요소가 중요합니다.

• 음주를 자제한다
• 수분을 충분히 섭취한다
• 비만을 관리한다

'맥주에는 퓨린이 많이 들어 있으니까, 대신 소주를 마셔라'는 말이 있는데, 알코올 그 자체가 통풍의 직접적인 원인입니다. 따라서 음주 자체를 자제하는 것이 훨씬 효과적입니다.

알코올이 체내에 들어오면, 우리의 에너지원인 에이티피(ATP, 아데노신에 3분자의 인산이 결합한 뉴클레오타이드)가 분해되면서 퓨린이 증가하고, 이것이 최종적으로 요산이 되어 축적됩니다. 이때 체내에 수분이 부족하면, 필연적으로 혈중 요산 농도가 높아집니다. 따라서 요산 수치가 높은 사람은 평소에 수분 보충에 주의를 기울여야 합니다.

마라톤 같은 격렬한 운동 후 통풍 발작이 나타나는 경우가 있는데, 이는 땀을 대량으로 배출하면서 수분이 급격히 부족해져 생기는 현상으로 추측할 수 있습니다. 따라서 통풍을 앓고 있는 사람은 격렬한 근력운동이나 사우나 역시 조심하는 것이 좋습니다. 운동을 하려면 수분 보충에 각별히 신경쓰면서 걷기, 수영, 자전거와 같은 가벼운 유산소운동을 하는 것이 가장 바람직합니다.

더불어, 요산 수치가 높은 **고요산혈증** 환자들은 대사증후군인 경우가 많다고 합니다. 따라서 의사의 지시에 따라 식습관과 운동 등 생활 습관을 신중하게 관리해야 합니다.

056
아연을 섭취해라

우리가 생명을 유지하는 데 필요한 **'필수 미네랄'**은 총 16종류가 있고, 그중에서도 **아연**은 현대인에게 부족하기 쉬운 미네랄로 꼽힙니다.

아연은 체내에 약 2g 존재하는 미량의 미네랄로, 세포 분열이 활발한 조직에 풍부하게 존재합니다. 아연은 효소의 활성화, 단백질 합성, 호르몬 분비, 면역 체계 조절 등 일상생활의 질을 높이는 200가지 이상의 효소 반응에 관여합니다.

하지만 현대인들은 식생활 변화와 불규칙한 생활 습관 때문에 아연이 부족해지는 경우가 많은 것이 현실입니다. 특히 식품 첨가물이 아연의 흡수를 방해하는 경우도 있어서 가공식품 위주로 식사하는 사람들은 특히 아연 결핍에 취약합니다.

아연이 부족하면 일상생활에 다양한 불균형을 일으킵니다. 미각이 둔해지기도 하고 감기에 쉽게 걸리며, 피부와 모발 상태가 나빠지기도 합니다. 이런 증상들은 아연이 부족하다는 신호일 가능성이 있습니다.

굴과 견과류, 콩류 제품에 많이 함유된 아연

아연이 풍부하게 들어 있는 대표적인 식품은 다음과 같습니다.

- 굴
- 간
- 아몬드 등의 견과류
- 낫토나 두부 등의 콩류 제품
- 달걀

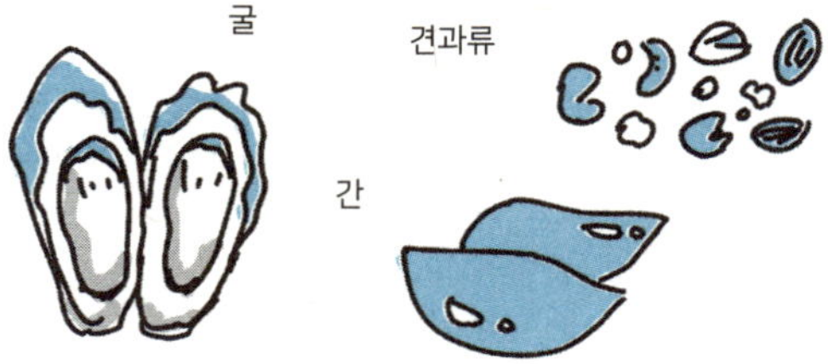

특히 굴은 '아연의 왕'이라고도 불리며, 겨울철에는 저도 적극적으로 챙겨 먹고 있습니다.

바쁜 일상에서 식사만으로 아연을 충분히 확보하기 어렵다면, 아연 **영양제**로 보충하는 것도 좋은 방법입니다. 저 역시 아연 영양제를 주기적으로 섭취하고 있습니다.

영양제는 권장 섭취량을 지키는 것이 중요합니다. 일반 식품을 통해 아연을 과도하게 섭취할 일은 없지만, 영양제나 아연 강화식품을 한 번에 다량 섭취할 경우 과잉 섭취가 될 수 있습니다. 그러면 구토, 설사, 두통, 면역기능 저하 등의 증상을 유발할 우려가 있으니 주의가 필요합니다.

057
예전처럼 못 마시겠으면 음주 스타일을 바꿔라

40대가 넘은 분들은 '예전만큼 술을 못 마시겠다'고 자주 이야기합니다. 나이가 들면서 나타나는 신체 변화는 피할 수 없는 현실이기에, 예전처럼 술이 잘 들어가는 몸으로 완벽하게 돌아가기란 현실적으로 어렵습니다. 따라서 과거처럼 호탕하게 술을 마시겠다는 생각을 버리고, 음주 스타일 자체를 다시 살펴봐야 합니다. 술 자체를 즐기기보다는, 친구들과 깊은 이야기를 나누며 음식과의 조화를 즐기는 방향으로 가는 것이 바람직합니다.

주량이 줄어드는 이유는 간 기능 저하와 근육량 감소

나이가 들수록 술을 마시지 못하게 되는 이유는 크게 두 가지로 나눌 수 있습니다.

하나는 **간 기능의 저하**입니다. 젊었을 때는 많은 양을 마셔도 하룻밤 자고 나면 쌩쌩했는데, 알코올 분해 속도가 느려진 40대 이후에는 그렇지 못합니다. 다음 날까지도 술이 깨지 않고 남아 있다고 느끼는 이유가 바로 이 때문입니다.

또 다른 이유는 **근육량의 감소**입니다. 우리 몸에서 가장 많은 수분을 보유하고 있는 조직은 근육이며, 근육 무게의 70% 이상이 수분으로 이루어져 있습니다. 그러나 나이가 들면서 근육의 양이 줄어들면, 자연스럽게 체내 전체의 수분량도 감소합니다.

결과적으로, 과거와 똑같은 양의 술을 마시더라도 혈액 속 알코올 농도가 더 빨리 올라 금방 취하기 때문에 술을 많이 마시지 못하게 되는 것입니다.

양보다 질을 즐기는 음주 스타일로

근력운동을 통해 근육량을 늘리면 체내 수분량도 함께 증가하므로, 어느 정도는 예전처럼 술을 마실 수 있을지도 모릅니다. 하지만 과거로 돌아가려고 하지 말고, '현재의 몸에 맞는 적절한 음주 스타일'을 찾는 것이 훨씬 더 중요합니다.

다음과 같은 방법을 시도해보세요.

- 식사를 충분히 한 후에 마시기
- 술과 함께 물도 충분히 마시기
- 천천히 시간을 들여 즐기기
- 알코올 도수가 낮은 주류 선택하기
- 2차, 3차는 금물

대부분의 사람에게 음주의 목적은 술 많이 마시기 경쟁이 아닙니다. 아마도 **지인과 대화를 나누거나 맛있는 음식을 즐기는 데** 있을 것입니다. 그렇게 생각하고, 양보다 질(質)을 중시하는 자세로 바꿔볼 것을 제안합니다.

기분이 좋아지면 2차, 3차로 술자리를 옮기는 경우가 있는데, 결국 총 알코올 섭취량을 단순히 늘릴 뿐입니다. 술자리를 옮기지 않도록 주의하세요.

물론 이렇게 거창하게 이야기하지만, 저 역시 음주 스타일을 충분히 전환했다고 말할 수는 없습니다. 가끔은 옛날로 돌아간 기분으로 과음하고는 후회하기도 합니다.

다만, 몸이 망가지면 아무런 소용이 없습니다. 자신의 현재 몸 상태를 알고 그에 맞는 음주 스타일을 찾아야 결과적으로 평생 술을 즐길 수 있답니다.

058

습관성 술자리를 늘리지 마라

직장인들과 술자리는 떼려야 뗄 수 없는 관계입니다. 하지만 잦은 술자리는 아무래도 살이 찌거나 건강을 해치는 원인이 됩니다. 이를 피하기 위해서는 술자리 자체를 늘리지 않으려는 노력과 발상이 필요합니다.

불필요한 술자리를 덜어내자

가장 중요한 것은 '이 술자리가 정말 필요한가?'를 스스로에게 물어보는 것입니다. '매주 모이니까', '상사가 불러서' 등의 이유가 있겠지만, 대부분은 습관성으로 참여하는 게 아닌지 체크해보세요. 물론 참석해야 할 의미가 있는 자리도 있지만, 건강을 최우선으로 생각한다면 **습관성 술자리를 늘리지 않는 것**이 중요합니다.

저도 예전에는 이 모임 저 모임에 자주 얼굴을 비추었습니다. 그러나 40세가 넘어 술을 예전처럼 마시지 못하게 되고, 나이가 들면서 변한 몸을 느낀 후부터는 불필요한 술자리를 늘리지 않으려고 노력했습니다.

유익한 정보를 교환할 수 있다면 좋겠지만, 타인의 푸념이나 자랑을 들으며 시간을 보내는 자리라면 그야말로 쓸데없는 자리라고 할 수 있습니다.

코로나 팬데믹으로 세상이 바뀌었습니다. 그 덕분에 술자리 관습이 잠시 사라지고, 저는 술자리가 없는 나날을 집에서 보냈습니다. 그때 술자리가 없으니 건강한 생활을 보낼 수 있다는 사실을 실감했습니다. 몸에 좋은 음식을 챙겨 먹고, 좋아하는 근력운동도 제 페이스대로 진행할 수 있었기에 이상적인 체중과 컨디션을 얻었습니다.

혹시 일주일에 여러 번 술자리에 나가는 분이라면, 기간을 정해두고라도 술자리에 나가지 않는 건 어떨까요? 술자리를 덜어내보는 것입니다. 그런 다음, 반드시 필요한 술자리다 싶은 곳에만 참여하면 됩니다.

건강 면에 리스크가 있다는 사실을 알고 술을 즐기자

2018년, 의학 잡지 〈랜싯〉에 '**술을 아주 조금만 마셔도 질병 위험이 높아진다**'라는 내용의 논문이 실려 화제가 되었습니다. 그때까지 '술은 백약의 으뜸'이니 '반주는 오히려 몸에 좋다'라는 말이 진리처럼 인식되었는데, 그 말이 완전히 뒤집힌 것입니다.

그렇다면 병에 걸릴 위험을 0으로 만들기 위해 술을 아예 마시지 않는 것이 최선일까요? 원래부터 술을 싫어하는 사람은 그래도 괜찮겠지만, 저는 그렇게 생각하지 않습니다. 건강에 해롭다는 것은 모두 치워버리고, 오직 건강에 좋다는 것만 먹고 마시는 인생은 얼마나 무미건조한가요.

대한민국 보건복지부 기준에 따르면, 성인 남성의 적정 음주량은 하루에 소주 한 병의 반 정도(약 50ml 술 기준 알코올 20g 내외)라고 합니다. **사케로 따지면 1홉, 맥주로 따지면 500ml 한 병, 와인으로 따지면 2~3잔 정도**에 해당합니다. 여성의 경우는 간이 작고 근육량이 적다는 이유로 남성 권장량의 3분의 2 정도가 적당하다고 합니다.

하지만 친구나 지인들과 술을 즐기다 보면, 이것만 마시고 끝날 리 없습니다. 만약 하루에 20g 이상을 마시고 싶다면, 간을 쉬게 하는 날을 설정해서 일주일 단위로 총음주량을 조절하세요.

정말 필요한 모임만 남기고 습관성으로 술자리 횟수를 늘리지 않는 것이 중요합니다. 덧붙여서 만약 당신이 술자리를 주최한다면, 몸에 부담이 적은 건강식, 일식 위주의 식당을 선택하는 것도 좋은 방법입니다.

059
회식의 목적을 생각해라

나이들고 책임 있는 위치에 오르면, 인맥 구축이나 업계 친목회 등 여러 이유로 회식 자리가 늘어납니다. 앞서 '058'에서 '습관성 술자리를 늘리지 마라'라고 조언했지만, 회식의 목적을 고려한다면 거절하기 어려운 자리 역시 많지요.

회식의 목적이 사람들과의 관계를 돈독히 하거나 중요한 이벤트를 축하하는 데에 있다면, 그때는 **모두 함께 같은 음식을 먹고 술을 마시는 자리가 중요**하다고 생각합니다. 물론, 이미 건강상태가 심각하게 좋지 않은 상황이라면 예외이지만요.

'항상성'이 비일상의 즐거움을 해결해준다

회식 덕분에 생긴 인연이 있고, 술자리였기에 들을 수 있었던 이야기도 분명히 있습니다. 이러한 긍정적인 요소들이 있기 때문에 가끔은 과음이나 과식을 허용해도 괜찮습니다. 물론, 술을 마시지 못하는 사람은 무리해서 마실 필요가 없습니다. 참여 가능한 범위 내에서 함께 식사를 즐기면 됩니다.

인간의 몸은 **호메오스타시스**라는 기능을 갖췄습니다. 항상성 유지라고도 하는데, 외부 환경이 변화하더라도 체내 상태를 일정하게 유지할 수 있는 능력을 말합니다. 자율신경은 호메오스타시스 덕분에 균형을 맞추면서 미세 조정을 합니다. 우리는 이 항상성 덕분에 일시적인 과잉 섭취를 조절할 수 있으며, 가끔 과음이나 과식을 하더라도 보통은 다음 날이면 충분히 회복합니다.

다만, 어디까지나 '가끔'이어야 한다는 사실을 명심하세요. 이런 습관이 자리 잡아 밥 먹듯이 과식하고 과음을 하면, 호메오스타시스가 작동하지 않아 결국 우리 몸의 조절 기능이 무너지게 됩니다.

따라서 평소보다 더 많이 먹고 마셨다는 생각이 든다면, 최소한 다음 날, 가능하다면 며칠간은 특히 컨디션 관리에 더 신경써야 합니다. '비일상의 즐거움'과 '일상의 건강관리'는 균형을 잘 잡아야 하며, 그것이 장기적인 건강과 풍요로운 사회생활을 모두 지키는 비결입니다.

CHAPTER 08

운동으로
지치지 않는 몸을
만들고 싶어요

근력이 생기면
업무 퍼포먼스도 오른다

060
대사를 올려라

'살이 찌니까 잘 피곤해진다'고 느끼는 사람이 많습니다. 불필요한 지방이 마치 짐처럼 붙어 있으니, 당연하다면 당연한 결과입니다. 금세 피로를 느끼면 업무 효율에도 지장을 주기 때문에 다이어트를 결심하는 분도 많지요.

다이어트의 기본 원칙은 섭취 칼로리를 소비 칼로리보다 줄이는 것입니다. 하지만 식사량만 줄인다고 해서 꼭 체중이 줄어들지는 않습니다. 극단적으로 식사량을 줄이면, 뇌는 우리 몸이 '기아 상태'에 빠졌다고 판단하여 몸을 **절전 모드**로 전환합니다. 그 결과, 오히려 살이 잘 빠지지 않아 쉽게 지치는 몸이 될 수 있습니다.

다이어트를 하려면 소비 칼로리를 무조건 늘려야 한다

절전 모드란 기아 상태에서 살아남기 위해 먼 옛날 인류가 갖추게 된 능력입니다. 식량을 안정적으로 확보할 수 없었던 시대였기에, 적은 양의 섭취 칼로리로 버티는 날들이 이어졌습니다. 그러면 생존을 위해 에너지 소비를 최소한으로 아껴 쓰게 됩니다. 이러한 진화의 잔재가 배부른 시대를 사는 현대인에게도 남아 있어, 적게 먹어도 살이 잘 빠지지 않아 다이어트를 방해하는 것입니다.

또한 절전 모드에 진입하면, 몸은 **근육을 분해하여 에너지원으로 사용**합니다. 근육량이 떨어지면 병이나 부상에 취약해질 뿐만 아니라, 생명을 유지하는 데 쓰는 에너지인 **기초대사량**까지 줄기 때문에 더욱더 살이 빠지기 어려운 몸이 되어버립니다.

기초대사량은 안정 시 소비되는 에너지에 해당하며, 하루의 총에너지 소비량 가운데 약 60%를 차지합니다. 결국, 비만을 해소하고 쉽게 지치지 않는 몸을 만들려면, 몸을 움직여 절전 모드에서 벗어나 기초대사량을 높이는 것이 중요합니다.

운동의 소비 칼로리를 나타내는 메츠

그렇다면 우리는 운동을 얼마나 해야 할까요? 그 열쇠를 쥐고 있는 것이 바로 신체 활동의 강도를 나타내는 단위 **'메츠(METs)'**입니다. 안정 시 에너지 소비량을 1메츠로 삼고, 각각의 신체 활동이 그와 비교해 몇 배의 에너지를 소비하는지 수치로 보여줍니다. 즉, 활동 및 운동을 했을 때 안정 상태보다 몇 배의 열량을 소비하는가를 나타내는 수치입니다. 메츠 수치는 활동 강도에 따라 대략 다음과 같습니다.

- 집안일(요리나 빨래), 실내 이동 / 2메츠
- 걷기 / 3~4메츠
- 빨리 걷기 / 4~5메츠
- 조깅 / 6~7메츠

• 등산, 계단 오르기 / 6~7메츠

• 수영 / 6~8메츠

메츠 수치가 클수록 에너지 소비량은 커집니다. 하지만 그러한 고강도 신체 활동은 장시간 지속하기 어렵지요. 반면, 메츠 수치가 작은 저강도 활동은 에너지 소비량은 적지만 오랫동안 꾸준히 지속할 수 있습니다.

이러한 특성을 고려하여 메츠와 지속 시간을 곱해 활동량을 나타내는 **'메츠·시간'**을 산출합니다. 예를 들어 수영은 걷기보다 약 두 배의 메츠를 소비하므로, 1시간 걸었을 때와 30분 수영했을 때는 약 3~4메츠·시간으로 거의 비슷한 에너지를 쓴다는 거죠.

보건복지부에 따르면, 건강을 위한 활동의 기준은 고강도 유산소 신체 활동을 일주일에 75분 이상 수행하는 게 좋습니다. 고강도 신체 활동의 1분은 중강도 신체 활동의 2분과 같기 때문에, 중강도 신체 활동과 고강도 신체 활동을 섞어서 각 활동에 상당하는 시간만큼 신체 활동을 적어도 10분 이상 지속하면 좋습니다. 즉, **3메츠 이상의 신체 활동을 일주일에 총 23메츠·시간 수행하는 것**입니다. 예를 들어 1시간 동안 천천히 걷기를 주 6회, 1시간 동안 수영하기를 주 1회 한다면, 총 24메츠·시간이 되기 때문에 목표 기준을 넘게 됩니다.

대사를 활성화하려면, 같은 강도의 운동만 고집하기보다는 다양한 강도의 운동을 섞어서 하는 것이 좋습니다. 고강도 운동과 저·중강도 운동을 골고루 조합하면, 기초대사가 올라가면서 동시에 기분 전환까지 되어 운동을 오래 지속할 수 있습니다.

061
체력이 떨어지면 근력운동을 해라

코로나 사태 때는 운동 부족으로 '살은 찌고 체력은 떨어졌다'는 호소가 많았습니다.

왠지 모르게 체력이 떨어진 것 같은 느낌이 든다면, 운동으로 근육을 키우는 것이 가장 좋습니다. 몸은 움직이지 않으면서 식단에만 의존해 다이어트를 하면, 근력이 약해져 **근감소성(사르코페니아) 비만**이 될 위험이 있습니다.

살이 찌지 않은 40대도 '근감소성 비만'이 될 수 있다

운동이 부족한 상태에서 체중이 늘어나 쉽게 피로감을 느낀다면, 단순히 지방만 증가한 것이 아니라 동시에 근육량이 감소했을 가능성이 높습니다. 근육은 줄고 지방이 늘면, 무거워진 몸을 근육이 지탱해야 해서 더 무겁게 느껴지는 것이지요.

근육량이 감소하고 체지방이 증가하는 상황이 동시에 일어나면, 건강에 적신호가 켜지는 근감소성 비만 상태가 됩니다.

애초에 근감소성이란 고령자에게 흔히 나타나는 현상인데, 나이가 들면서 근육량이 감소하고 근력과 신체 기능이 떨어진 상태를 뜻합니다. 이 근감소성에 비만이 함께 진행되는 것이 바로 근감소성 비만입니다. 최근에는 노화로 생기는 근육 감소뿐만 아니라, 운동 부족이나 무리한 식단으로 인해 근육을 줄이는 사람들이 늘어나면서 40대에도 나타나고 있습니다.

근감소성 비만이 특별히 골치 아픈 이유는, 겉보기에는 살이 찐 것 같지 않은데 실제로는 지방이 단단히 붙어 있다는 점입니다. 그래서 이를 '**숨은 비만**'이라고도 부릅니다. 그런데 숨은 비만은 몸무게에 변화가 없어서 더 알기가 어렵습니다. 즉, 체내에서는 근육이 2kg 줄어드는 대신 지방이 2kg 늘어났을 수도 있으니까요. 결국, 본인이나 주변 사람들조차 눈치채지 못하는 사이에 생활습관병의 위험이 높아진다는 것입니다.

큰 하체 근육을 단련하는 근력운동이 효과적이다

평소 운동량이 부족한 사람이 '요즘 왜 이렇게 피곤하지?'라고 느낀다면, 당장 근력운동을 시작하세요. 피곤하다는 이유로 계속 쉬기만 하면 오히려 역효과입니다. 정기적으로 몸을 움직이지 않으면 근육량은 계속 줄어든답니다.

특히 하체에는 큰 근육이 집중되어 있습니다, 우선 이 부위의 근육을 스쿼트 같은 운동으로 단련해서 효과적으로 근육량을 늘리세요. 이러면 기초대사량이 동시에 올라가면서 지방이 더 잘 타는 체질로 바꿀 수 있습니다. 여기에 플랭크나 복근 운동 등, 상체와 코어를 단련하는 근력운동을 병행하여 균형을 잡도록 하세요.

식단을 할 때는 근육의 주재료가 되는 단백질을 의식적으로 섭취하는 것이 중요합니다.

062

걷기 운동에 언덕이나 계단을 코스로 넣어라

걷기는 쉽게 시작할 수 있는 유산소운동이지만, 부담이 적기 때문에 근력이 크게 붙지는 않습니다. 하지만 약간의 노력과 아이디어를 더하면, 걷기 운동을 고강도 운동으로 바꿀 수 있습니다.

예를 들어, 의식적으로 **언덕이나 계단**을 코스에 넣어 변화를 주는 것이 한 가지 방법입니다. 언덕길이 적은 장소일지라도, 육교 같은 계단을 걷기 코스에 포함시키면 근력을 키울 수 있겠지요.

같은 코스를 걷기만 한다면 운동 효과가 떨어진다

운동이 익숙지 않은 사람에게는 30분 걷기만으로도 꽤 부담이 클 수 있습니다. 하지만 같은 코스를 반복해서 걷다 보면, 몸이 익숙해져 가볍게 걸을 수 있게 됩니다.

체력이 생겼다는 증거이므로 좋은 일이라고 할 수 있지요. 다만, 몸이 부하를 느끼지 않게 되었다는 것은 그 상태로 계속해봤자 운동 효과가 크게 오르지 않는다는 뜻이기도 합니다.

같은 코스를 같은 속도로 걷다 보면 점점 익숙해지기 때문에, 우리의 몸은 불필요한 움직임을 줄이고 힘을 효율적으로 발휘하려고 합니다. 이렇게 에너지 소비를 최소화하기 위해 **동작이 절전 모드**에 들어가는 것입니다. 최소한의 움직임만 가지고 효율적으로 에너지를 소비하는 것 자체는 인체가 가진 뛰어난 메커니즘이지만, 트레이닝 효과는 그만큼 떨어집니다.

이럴 때는 다음 단계로 넘어가서, 걷는 속도를 올려보세요. 30분 걸리던 코스를 25분 만에 가볍게 걸을 수 있게 되었다면, 그만큼 체력이 향상되었다는 증거입니다. 남은 5분 동안에는 거리를 더 늘려서 걸으면 좋겠지요. 팔을 크게 흔들거나 무릎을 살짝 높이 들어올리는 동작을 추가하면, 상체와 코어까지 동시에 단련할 수 있습니다.

언덕이 많은 코스를 찾아서 걸어보자

하지만 같은 코스만 계속 걷다 보면 한계에 부딪힙니다. 매번 색다를 것 하나 없는 풍경만 눈에 들어오니 점점 지루해질 수 있습니다.

이럴 때는 걷기 코스에 언덕길이나 계단을 넣어보세요. 가능하다면 **코스를 세 가지 정도** 준비해두는 것이 좋습니다. 비교적 평탄한 코스, 오르막과 내리막이 살짝 많은 코스, 언덕길이나 계단이 많은 코스를 설정해서 강도를 조금씩 높이며 레벨을 올리는 것입니다. 혹은 그날의 컨디션이나 날씨에 맞는 코스를 골라서 걸어보는 것도 좋습니다.

또한 항상 정해진 곳만 걷지 말고, 때로는 **낯선 거리를 걸어보세요**. 그러면 눈에 비치는 것들이 신선하게 다가오기 때문에, 뇌에도 자극을 줄 수 있습니다. '다음에는 저 갈림길에서 왼쪽으로 가봐야지'라는 식으로 코스를 만드는 재미도 느낄 수 있습니다.

계절의 변화가 느껴지는 포인트나 마음에 드는 풍경 등, 곳곳에 나만의 즐거움을 만들어두면 질리지 않고 오래 걸을 수 있는 방법이 되겠지요.

걷기는 단순한 운동이지만, 어떻게 활용하느냐에 따라 얼마든지 건강 효과를 높일 수 있습니다. 지금 바로 나만의 걷기 코스를 짜서 걸어보세요. 그리고 걷기 운동이 편해졌다면, 낮은 산을 돌며 트레킹에 도전해보는 것도 좋습니다.

063

인터벌 워킹을 해라

다양한 걷기 운동 종류 중에서도 꼭 시도해보라고 추천하는 것이 바로 **인터벌 워킹**입니다.

인터벌 워킹은 보통 걷기와 빨리 걷기를 번갈아 하는 운동입니다. 인터벌 워킹에는 지방 연소, 근력 및 지구력 향상, 혈압 및 혈당 개선, 우울 증상 개선 등 수많은 건강 효과가 있다는 사실이 입증되었습니다.

평소처럼 걷다가 생각나면 빨리 걷자

인터벌 워킹은 보통 걷기와 빨리 걷기를 반복하는 걷기 운동입니다. 많이 추천하는 것은 **'보통 걷기 3분'**과 **'빨리 걷기 3분'**을 한 세트로 하루 30분 이상, 주 4회 실시하는 방법입니다.

물론 이 숫자에 너무 얽매일 필요는 없습니다. 오히려 그날의 컨디션과 기분에 따라 보통 걷기와 빨리 걷기를 적절히 섞는 것이 좋다고 봅니다. 저도 밖에서 걷다가 문득 생각나면 '보통 걷기 1분'과 '빨리 걷기 2분'을 세트로 인터벌 워킹을 합니다.

운동 강도가 크게 높지 않기 때문에 운동이 어색하고 어려운 사람도 편하게 시작할 수 있다는 것이 큰 장점입니다. 특히, 걷기에는 익숙하지만 조깅은 아직 부담스러운 분들에게 가장 적합한 유산소운동입니다.

빨리 걷기는 넓은 보폭으로 걷는 것이 요령입니다. 잡지나 인터넷에서 올바르게 걷는 방법이라며 다양한 걷기 기술을 소개하는데, 거기에 너무 연연하다 보면 오히려 잘 걷지 못하게 됩니다. 등을 곧게 펴고 정면을 응시하며, 큰 보폭으로 빠르게 걷는 것에 신경써보세요. 하체에 부하가 걸리면서 확실히 근육을 사용하고 있다는 느낌이 나면 됩니다. 만약 2~3분 정도 빨리 걷기를 했는데도 별로 힘든 느낌이 없다면, 운동 강도가 부족하다는 뜻입니다. 무릎이나 허리에 통증이나 불편함이 없다면, 속도를 더 높여 걸어보세요.

064
식후 운동으로 혈당을 낮춰라

건강검진이나 정밀 검사에서 "혈당 수치가 높네요. 이러다 **당뇨병 전단계**(공복혈당장애)가 되겠어요"라는 지적을 받아본 경험, 혹시 있나요? 이렇게 주의를 받았는데도 '항상 듣는 말인데, 뭐'라며 아무런 조치도 취하지 않는 분들이 많습니다. 하지만 혈당이 높은 상태를 그대로 방치하면, 살이 쉽게 찌면서 금방 피로를 느낍니다. 게다가 심각한 질병으로 번질 위험이 있습니다.

2024년 보건복지 통계 기준에 따르면, 한국의 당뇨병 전단계는 전체 성인의 약 25~30%에 달합니다. 30세 이상 성인의 경우 당뇨 유병률은 약 16.7%로, 성인 6명 중 1명꼴로 당뇨병을 앓고 있으며 65세 이상에서는 30% 이상이 당뇨병을 가지고 있습니다. 남성이 여성보다 당뇨병 유병률이 높으며, 여성은 폐경 후 당뇨병 위험이 급증하죠. 그야말로 당뇨병은 국민병이라고 해도 과언이 아닙니다.

식사를 마치고 1시간 이내에 운동을 시작하자

식사 후 혈당이 높아지면, 원래는 **인슐린**이라는 호르몬이 분비되어 혈당을 조절해줍니다. 하지만 어떤 이유로 인슐린 분비가 저하되거나 제대로 활동하지 않으면, 혈당이 높은 상태가 계속 유지되죠.

혈당이 높다는 지적을 받으면, 일반적으로 식단을 신경써야겠다고 생각합니다. 그런데 식사도 중요하지만, 몸을 움직이는 것 또한 매우 효과적입니다. 운동을 하면 에너지원인 포도당이 근육에서 대량으로 소비되기 때문에 혈당 수치가 낮아지거든요.

혈당 수치는 식후 1시간 정도에 최고치를 찍습니다. 따라서 식사를 마치고 1시간 이내에 운동을 시작하면, 식후 혈당이 급격히 상승하는 것을 억제할 수 있습니다. 가장 좋은 방법은 하루 세 끼를 먹을 때마다 식후에 운동을 하는 것입니다. 운동을 하면 식사로 높아진 혈당 수치를 낮출 수 있기 때문에, 말하자면 인슐린의 작용을 보조하는 셈입니다. 게다가 이러한 운동을 꾸준히 지속하면, 인슐린 작용이 좋아지는 체질로 변화하는 것까지 기대할 수 있습니다.

그럼 어떤 운동이 좋을까요? 저는 걷기나 자전거 타기와 같은 유산소운동을 추천합니다. 운동 시간이 길수록 더 많은 당을 소비할 수 있습니다. 운동이 힘든 사람은 일단 식사를 마치고 나서 20분 정도 걷는 것부터 시작해보세요.

걷기와 함께 근력운동을 병행하는 것도 매우 효과적입니다. 근력운동으로 근육량이 증가하면, 그만큼 근육 속에서 당을 소비하는 양이 늘어나게 됩니다. 큰 근육이 모여 있는 하체를 스쿼트 등으로 단련하면 더 효과적입니다.

065
스스로 멋있다고 생각하는 몸이 되어라

'사람은 겉모습이 아니라 내면이 중요하다'라는 말을 자주 하는데, 정말 그럴까요? 내면이 중요한 것은 물론이지만, 30대와 40대를 지나 나이가 들수록 그 사람의 인격과 개성은 외모에 고스란히 드러나게 마련입니다. 따라서 **보이는 모습은 결코 소홀히 해서는 안 됩니다**.

나이가 들수록 겉모습에 신경쓰자

일반적으로 대부분 여성은 외모의 중요성을 잘 알고 있지만, 남성 중에는 여전히 외모에 무딘 사람이 적지 않을 것입니다. 젊을 때는 외모에 신경을 썼다가도, 나이가 들면서 점차 무관심해지는 사람도 있습니다. 하지만 오히려 나이가 들수록 외모에 더 신경을 써야 합니다.

외모의 차이는 단순히 인상만의 문제가 아닙니다. 사회인의 경우, 외모에 신경을 쓰는 사람과 그렇지 않은 사람 중 누가 더 선택받기 쉬울까요? 설령 능력이 같더라도, 외모에 신경쓰는 사람은 '든든하다', '믿음직스럽다'는 인상을 주고, 외모에 신경쓰지 않는 사람은 '듬직하지 않다', '불안하다'는 인상을 줄 수 있습니다.

외모는 곧 비즈니스 경쟁력과 직결되는 문제인 것입니다.

퍼스널 트레이닝을 활용하는 것도 한 가지 방법

외모 관리란 단순히 옷매무새를 다지거나 복장에 신경쓰는 것만 뜻하지는 않습니다. 몸을 단련하여 **보디 메이킹**을 하는 것 또한, 특히 나이 든 분들에게는 매우 효과적입니다. 스스로 '멋있다'고 생각하는 몸이 되면, 주변에서 당신을 바라보는 시선이 달라집니다. 그와 더불어 당신의 멘탈도 긍정적으로 바뀌면서 자신감이 샘솟게 됩니다. 이러한 자신감이 당당한 태도로 나타나 선순환을 만들어내는 것입니다.

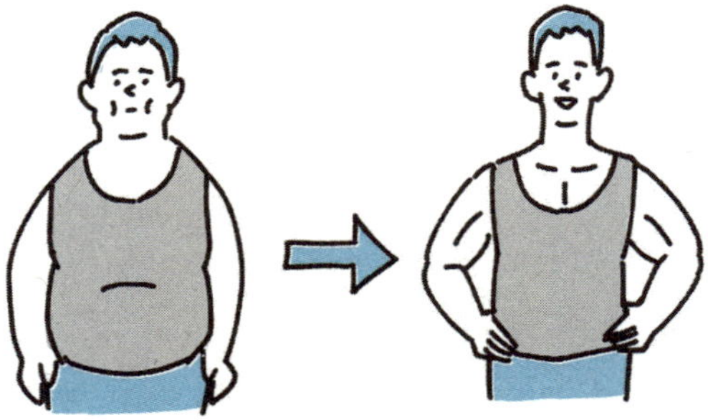

보디 메이킹을 할 수 있는 가장 빠른 길은 근력운동입니다. 사실 저 역시 몸을 단련하고자 근력운동을 시작했고, 이후 퍼스널 트레이닝까지 받았습니다. 물론 비용이 발생하지만, 보디 메이킹을 통해 얻게 되는 이점들을 생각하면 '필요 경비'라고 봐도 무방합니다.

저는 트레이닝을 꾸준히 하면서 근육량이 늘어났을 뿐 아니라, **자세가 좋아져 자신감이 붙었습니다**. 등이 곧게 펴지면서 특히 업무차 사람을 만날 때 좋은 인상을 주게 된 느낌이랍니다.

066

요요를 막으려면 근력운동을 해라

다이어트의 가장 큰 고민은 단연코 **요요 현상**입니다. 힘들게 체중을 감량했는데도, 조금만 방심하면 눈 깜짝할 사이에 원래 체중으로 돌아가니까요. 심지어 살을 빼기 전보다 더 살이 찌는 경우도 허다합니다.

근력운동은 이러한 요요 현상을 막는 데 효과적입니다. 근력운동을 꾸준히 해서 기초대사량을 높여두면, 요요가 쉽게 오지 않는 체질이 됩니다.

기초대사량의 저하도 요요 현상의 원인이다

체중 감량을 위해 무리하게 식단을 제한하면, 지방뿐만 아니라 근육량도 함께 줄어드는데, 이것이 요요 현상의 주요 원인 중 하나로 꼽힙니다. **근육량이 감소하면 기초대사량도 같이 떨어지기** 때문입니다.

기초대사량이란 생존을 위해 필요한 최소한의 에너지를 만들어내는 활동을 말합니다. 우리 몸은 잠을 자거나 가만히 앉아 있을 때도 일정한 에너지를 소비합니다. 심장을 뛰게 하고 호흡하는 등, 생명을 유지하려면 최소한의 에너지가 필요하기 때문이지요.

우리 몸의 조직 중에서도 근육은 에너지 소비가 많은 부위이므로, 근육량이 많은 사람일수록 기초대사량이 높은 경향이 있습니다. 몸을 조금만 움직여도 에너지 소비가 일어나 기초대사가 올라가는 것이지요. 젊은 사람들이 많이 먹어도 살이 잘 찌지 않는 이유는 근육이 발달하여 기초대사가 높기 때문입니다.

다시 말해, 근육량을 늘리면 기초대사량이 높아져 일상생활 속에서도 에너지를 쉽게 소비하는 몸, 살이 잘 찌지 않는 체질이 되는 것입니다. 반대로 다이어트를 해서 근육이 줄어들면 기초대사량도 함께 내려갑니다. 이렇게 되면 같은 양의 칼로리를 섭취하더라도 살이 찌기 쉬운 몸으로 변하고 맙니다.

요요 현상에는 이 외에도 다른 원인이 있습니다. 식단을 철저하게 제한하면 몸이 **절전 모드**에 돌입하고, 그 상태에서 평소 식사로 돌아가면, 음식을 적게 먹어도 몸은 에너지를 철저하게 저장하려고 합니다. 그래서 살이 찌기 전보다 더 살이 잘 붙는 것이지요.

다이어트와 요요가 반복되어 고민하는 분들은 평소에 무리하지 않는 선에서 운동 습관을 들이고 근력운동을 지속하는 것이 무엇보다 중요합니다.

067

복부둘레와 BMI 수치가 갑자기 올랐다면 식사를 점검해라

대사증후군의 기준에 **'복부둘레'**가 포함된다는 사실은 잘 알려져 있습니다. 복부둘레가 일정 기준(여성 85cm 이상, 남성 90cm 이상) 이상이며, 여기에 혈당·혈압·지질 중 두 가지가 기준치를 벗어나면 대사증후군으로 진단됩니다.

혈당·혈압·지질에 이상이 있으면 생활습관병의 위험이 높지만, 이것만으로는 대사증후군으로 판단하지 않습니다. 어디까지나 복부둘레가 일정 기준 이상, 즉 배가 나왔을 때 비로소 대사증후군으로 진단을 내리는 것이지요. 그 이유는 무엇일까요?

위험한 비만, 그렇지 않은 비만

체지방은 크게 두 종류로 나뉩니다. 피부 아래에 쌓이는 **'피하지방'**과 복근 안쪽의 장간막에 붙는 **'내장지방'**이지요. 이 중 생활습관병에 크게 관여하는 것이 내장지방입니다. 대사증후군을 일본에서는 '내장지방 증후군'이라고 부르는 것도 이 때문입니다.

내장지방이 늘어나면 왜 건강에 악영향을 미칠까요? 그 이유는, 내장지방이 축적되면 지방 세포에서 악성 아디포사이토카인이라는 물질이 분비되기 때문입니다. 이 물질은 고혈당, 고혈압, 이상 지질혈증, 나아가 동맥경화증을 촉진하는 원인입니다. 복부둘레가 급격히 늘어났다는 것은 곧 내장지방이 증가했다는 신호이기 때문에 대사증후군 진단에 복부둘레가 들어 있는 것입니다.

그렇다면 피하지방은 안심해도 된다는 걸까요? 물론 비만 자체가 좋은 것은 아니지만, 내장지방과 달리 피하지방은 축적되어도 악성 아디포사이토카인이 분비되지 않습니다. 따라서 생활습관병에 직접적으로 영향을 주지는 않지요.

내장지방형 비만과 피하지방형 비만은 지방이 쌓이는 방식에 차이가 있으며, 겉보기에도 다릅니다. 내장지방형은 복부 주변에 지방이 쌓여 체형이 꼭 사과와 닮았다고 해서 '**사과형 비만**'이라고도 부릅니다. 피하지방형은 허리, 엉덩이, 허벅지 주변 등 주로 하체에 지방이 쌓인 모습을 서양배 모양에 비유해서 '**서양배형 비만**'이라고 부르기도 하죠.

남성은 30대 후반부터 주의하자

성별로 보면, 개인차는 있지만 남성은 30대 후반부터 대사기능이 떨어지면서 내장지방이 축적되기 시작합니다. 중년에 뱃살이 볼록 나오는 것도 이 내장지방 때문이지요.

반면, 피하지방형 비만은 여성들에게 많이 보이는 것으로 알려져 있습니다. 여성 호르몬의 작용 때문에 피하지방이 잘 쌓이며, 젊은 시절에는 내장지방이 잘 쌓이지 않는 특징이 있습니다. 그러다 폐경 이후에는 내장지방이 쌓이기 쉬운 체질로 변하죠.

따라서 남성은 30대 후반부터, 여성은 50대 이후부터 내장지방이 쌓이지 않도록 생활 습관을 관리하는 것이 매우 중요합니다. 이 연령대 이후에 복부둘레나 BMI(체질량 지수)가 급상승했다면 위험 신호입니다. 즉시 식습관과 운동 습관을 철저히 점검해야 합니다.

다만, BMI는 키와 체중만으로 계산되는 수치이므로, BMI가 낮다고 해서 무조건 안심할 수는 없습니다. 마른 체형인데도 내장지방이 많은 '**숨은 비만**'의 사례도 분명히 존재하기 때문입니다.

살이 쪘을 때 이것이 단순한 피하지방형 비만인지 아니면 위험한 내장지방형 비만인지를 정확하게 파악하는 것이 중요합니다. 그러기 위해 건강검진이나 정밀 검진을 적극적으로 활용하기 바랍니다.

068
자기 체중을 이용해 근력운동을 해라

'근력운동이 몸에 좋은 건 알지만, 헬스장 다니기가 너무 귀찮아.'

이렇게 생각하는 분도 분명히 있겠지요. 그렇다면 일단 쉽게 시작할 수 있는 '자기 체중 근력운동'을 추천합니다.

자기 체중 근력운동이란, 말 그대로 기구를 사용하지 않고 자신의 몸을 '추'로 삼는 근력운동 방법을 뜻합니다. 누구나 근력운동의 효과를 간단히 얻을 수 있다는 점이 장점이지요.

근력운동은 업무 능력 향상에 기여한다

일반적으로 근력운동은 몸을 근육질로 만들고 싶은 사람들이 하는 것이라는 이미지가 머리에 깊이 박혀 있는 듯합니다.

하지만 근력운동은 단순히 몸을 만드는 운동이 아닙니다. 사회생활에 필요한 다양한 능력을 향상시키는 데 상당한 도움을 준다는 사실은 이미 밝혀졌지요. 미국 조지아 공과대학의 연구에 따르면 고작 20분의 근력운동이 기억력을 약 10% 향상시켰다는 결과가 보고되었으며, 집중력과 생산성 향상에도 큰 효과를 기대할 수 있는 것으로 나타났습니다.

또한 근력운동은 스트레스 호르몬을 낮추고 행복감을 높이는 엔도르핀의 분비가 증가한다는 사실도 밝혀져, 일상과 업무에서 받는 스트레스를 완화시키고, 기분 개선, 수면의 질 향상에도 효과적입니다.

근력운동을 지속하면 성취감과 자기효능감이 자연스럽게 쌓이며, 이는 일에 대한 자신감으로 이어져 프로젝트나 업무를 더 적극적으로 추진하는 원동력이 됩니다.

이처럼 근력운동은 여러 효과를 기대할 수 있으니 더 많은 사람이 가볍게 시작해보길 바랍니다. 특히 자기 체중을 활용한 근력운동부터 시작해보세요.

대표적인 자기 체중 운동으로는 스쿼트, 팔굽혀펴기, 플랭크, 윗몸일으키기, 엉덩이 들어올리기 등이 있습니다. 이러한 동작을 주 2~3회, 각 동작당 10~15회 정도만 꾸준히 해도 효과를 기대할 수 있습니다. 중요한 것은 전신을 균형 있게 단련하는 것입니다.

바쁜 일상에서도 근력운동 시간을 확보해, 무리가 생기지 않는 범위에서 습관으로 만들어보세요.

팔굽혀펴기

플랭크

069
작심삼일을 없애라

운동에서 가장 중요한 것은 무엇보다 꾸준함입니다. '근력운동도 유산소운동도 시도는 해보고 있지만 늘 작심삼일'이라는 분들은 **습관화를 위한 장치**를 마련해보세요. '일단 시작하고, 그것을 습관으로 만든다'는 두 가지 관문만 넘으면, 그다음부터는 몸이 자연스럽게 따라 움직이게 될 것입니다.

매일 아침, 양치할 때 스쿼트 딱 10번만

운동을 습관화하는 비결은 꾸준히 할 수 있도록 문턱을 최대한 낮추는 것입니다. 저는 근력운동이 일상에 자리 잡을 수 있도록 '매일 아침 스쿼트 딱 10번'이라는 **최소한의 규칙**을 스스로 정하고 시작했습니다.

이때 **다른 행동과 연동하는 방법**이 특히 효과적입니다. 저는 스쿼트 10번을 '양치할 때'로 설정했습니다. 이렇게 하면 다른 행동을 하는 김에 자연스럽게 운동할 수 있어서 첫 문턱이 낮아집니다. 물론 연동하는 행동은 '화장실 가려고 일어났을 때'나 '물을 마실 때' 등 무엇이든 괜찮습니다.

그리고 저는 비록 10번이라도 '매일 반드시 한다'는 일관성을 가장 중요하게 여겼습니다. 의욕이 생겼거나 시간이 넉넉하거나 컨디션이 좋은 날은 더 많이도 하지만, 최소한 이 10번만큼은 몸 상태와 상관없이 반드시 실행하기로 했습니다.

스마트폰 앱을 활용해 기록을 남기는 것도 습관을 만드는 데 큰 도움이 됩니다. 근력운동만 놓고 보아도 다양한 기록 앱이 있으며, 하루하루의 운동량을 기록하는 기능뿐 아니라 루틴 관리, 소모 칼로리 계산, 운동 메뉴 추천 기능까지 갖춘 앱들도 있습니다.

앱에 기록을 남기기 시작하면 연속 기록을 끊고 싶지 않은 심리가 발동하여, 바쁜 날일지라도 짧게나마 꼭 운동하게 됩니다.

이렇게 운동이 한 번 습관으로 자리 잡으면 이제 우리 손바닥 안에 있습니다. 근력운동을 하지 않았는데 왠지 마음이 불편하고 허전하게 느껴지기 시작했다면, 작심삼일과는 작별이죠. 아침에 일어나서 당연하게 세수하듯이, 몸이 저절로 움직여 운동하는 단계에 이르게 될 것입니다.

CHAPTER 09

눈의 피로와 두통을 케어하고 싶어요

생산성 저하의 주범!
골치 아픈 트러블에 대처하자

070

20분에 한 번씩 눈을 쉬게 해라

현대의 사회인들에게 데스크 업무라고 하면 컴퓨터를 빼놓을 수 없습니다. 게다가 외근 중에도 스마트폰 화면과 눈싸움을 하는 경우도 많지요.

이처럼 장시간 화면을 보고 있다 보니, '**눈의 피로**'에 시달리는 분들이 적지 않습니다. 중간중간 작업에서 손을 떼고 눈을 쉬게 하는 것이 좋다고는 하지만, 업무에 집중해 있을 때는 실행에 옮기기가 참 어렵지요.

지친 눈을 위해 모양체근의 긴장을 풀자

우리의 눈은 렌즈처럼 생긴 **수정체**를 통해 사물을 인식합니다. 이 수정체의 두께를 조절해 먼 곳과 가까운 곳의 초점을 맞추는 역할을 하는 근육이 바로 **모양체근**입니다. 먼 곳을 볼 때는 모양체근이 이완되어 수정체가 얇아지고, 가까운 곳을 볼 때는 모양체근이 수축되어 수정체가 두꺼워집니다.

따라서 컴퓨터 화면이나 서류를 오랫동안 바라보면, 모양체근은 계속 긴장 상태에 있게 됩니다. 이것이 바로 눈이 피로해지는 가장 큰 원

인입니다. 그래서 주기적으로 먼 곳을 바라보며 모양체근을 풀어주는 것이 무엇보다 중요합니다.

제가 권하는 방법은 **'20-20-20의 법칙'**입니다. 이는 20분마다, 20피트(약 6미터) 떨어진 곳을 20초 동안 바라보는 매우 간단한 방법입니다. 업무에 집중한 나머지 잊어버릴 것 같으면, 스마트폰 타이머를 20분 간격으로 설정해두세요.

작업 환경을 조금만 바꿔도 눈의 피로를 크게 줄일 수 있습니다. 예를 들어 어두운 방에서 밝은 화면을 보면 시선을 옮길 때마다 명암의 변화에 적응해야 하므로 눈이 피곤해지는 원인이 됩니다. 컴퓨터로 작업할 때는 실내조명을 충분히 밝히는 것이 좋겠지요.

악화되면 안정피로가 되는 경우도

눈의 피로를 얕봤다가는 **안정피로**(眼精疲勞, eye strain, asthenopia)로 진행될 위험이 있습니다. 안정피로가 생기면 눈이 침침해지고, 눈 또는 눈 뒤쪽에서 통증이 느껴지거나, 눈부심과 충혈 등의 증상이 나타날 수 있습니다. 가능한 빠른 단계에서 대책을 마련하는 것이 중요합니다.

안정피로가 생겼을 때는 컴퓨터나 스마트폰 화면을 최대한 보지 않는 것이 가장 좋지만, 현대 사회에서는 현실적으로 쉽지 않습니다. 그럴 때는 적절히 휴식을 취하면서 보는 시간을 최소한으로 줄이는 것이 중요합니다.

안정피로는 **자율신경**과도 밀접한 관련이 있습니다. 자율신경의 불균형이 안정피로를 유발할 수도 있지만, 반대로 눈을 혹사했다가 자율신경의 균형이 흐트러져 불면·두근거림·두통·피로감 같은 전신 증상이 나타나기도 합니다. 그러다 결국 악순환이 반복되는 것이지요.

안정피로의 다른 원인으로는 **도수가 맞지 않는 안경**·**백내장**과 **녹내장**·**안구 건조증** 같은 안과 질환 외에도, **갱년기 장애**나 **감염증** 등이 있습니다.

안정피로를 해소하려면 원인을 정확히 찾아 그에 맞는 대처를 해야 합니다. 안경 도수가 맞지 않는다면 새로 맞추고, 안과 질환이 있다면 적절한 치료를 하는 거죠. 일상에서는 과로와 수면부족을 피하고, 최대한 스트레스를 받지 않는 생활을 해야 합니다. 눈을 혹사해서 생긴 피로라면, 충분한 휴식과 수면은 물론이고 경직된 근육을 풀어주는 스트레칭, 자율신경을 안정시키는 유산소운동도 효과를 기대할 수 있습니다.

안정피로에 특효약은 없지만, 최근에는 안정피로 대책을 표방한 점안액이나 내복약이 시중에 나와 있습니다. 휴식과 운동을 병행하면서 함께 사용하면 좋습니다.

071
안구 건조증을 해결해라

눈 표면이 건조해지면서 생기는 **안구 건조증**은 눈의 피로나 통증, 불쾌감, 안정피로, 콘택트렌즈 착용 문제 등 다양한 증상을 일으킵니다.

원래 눈물은 눈의 표면에 고르게 퍼져 시야를 맑게 해줄 뿐 아니라, 안구 표면을 이루는 각막 보호 역할도 합니다. 그러나 어떠한 이유로 눈물 분비에 이상이 생기면 안구 건조증이 발생합니다.

의식적으로 눈을 자주 깜박여 각막 손상을 막자

안구 건조증에는 크게 세 가지 유형이 있으며, 유형에 따라 해결 방법도 다릅니다.

- 눈물막 증발 증가형: 눈물이 빨리 증발하는 타입
- 수성 눈물 생성 부족형: 눈물의 양이 적은 타입
- 혼합형(누수성 저하형): 눈 표면에서 물이 고르게 퍼지지 않는 타입

이 가운데 제일 흔한 것이 **눈물 증발이 빠른 타입**의 안구 건조증이며, 장시간 모니터를 보는 데스크 업무 종사자에게 가장 많이 나타나는 증

상입니다.

컴퓨터 화면을 집중해서 바라보고 있으면, **눈을 깜박이는 횟수가 평상시보다 약 1/3 정도까지 감소합니다**. 그래서 오랜 시간 컴퓨터 작업을 하면 눈물이 빨리 증발하기 때문에 안구 건조증이 생기기 쉽습니다. **에어컨 사용으로 실내가 건조**해지는 것도 하나의 원인입니다.

안구 건조증이 생기면 각막 표면에 미세한 상처가 나기 쉽기 때문에 시야가 흐려지고, 세균이나 바이러스에 감염될 위험이 높아집니다. 한 번 각막에 상처가 생기면 회복까지 약 일주일 정도 걸립니다.

이 유형의 안구 건조증을 막으려면, 집중해서 작업할 때도 의식적으로 눈을 자주 깜박이는 것이 중요합니다. 또한 가습기를 사용해 실내가 건조해지지 않도록 하거나, 에어컨 바람이 눈에 직접 닿지 않도록 조절하는 것도 효과적입니다.

시판 안약을 너무 자주 사용하면 역효과일 때도 있다

눈의 통증이나 불쾌함을 완화하기 위해 시판 안약을 사용하는 경우가 많습니다. 하지만 안약을 과도하게 사용하면 눈물의 양이 줄어들어 안구 건조증이 악화될 수 있습니다. 따라서 사용법을 꼭 지켜야겠지요. 가능하면 눈물 성분과 유사하고 자극이 적은 무방부제 안약 사용을 추천합니다.

증상이 쉽게 가라앉지 않는다면, 반드시 안과 전문의와 상담하기 바랍니다. 안구 건조증 치료에는 유형에 따라 다른 점안액이 사용됩니다. **수분을 보충하는 안약**, 눈 표면에서 **수분을 유지하는 안약**, 눈 표면에서 **수분 분비를 촉진하는 안약** 등 종류가 다양합니다.

또한 앞서 소개한 안구 건조증의 세 가지 유형 가운데 두 가지 이상이 동시에 나타나는 경우도 있답니다. 증상이 더 심해지기 전에 의사에게 상담하세요.

072
안경을 새로 맞춰라

근시가 있는 경우 안경을 오래 사용하다 보면 점점 도수가 맞지 않게 됩니다. 그대로 두면 초점을 맞추기 어려워지고, 눈이 피로해지거나 안구 건조의 원인이 될 수 있어서 도수 조절은 필수입니다.

하지만 도수를 단순히 높인다고 해결되지는 않습니다. 너무 잘 보이면 오히려 눈이 더 쉽게 피곤해지기 때문에, **도수를 약하게 맞추는 것**에도 장점이 있습니다.

도수 약한 안경이나 콘택트렌즈를 쓰면 덜 피로하다

근시가 진행되어 '안경이 잘 맞지 않는다', '잘 보이지 않아서 눈이 지친다'는 이유로 도수를 높이려는 경향이 있는데, 도수 조절은 세심한 주의가 필요한 작업입니다. 도수를 올리면 눈의 피로가 더 심해지는 경우가 있기 때문입니다.

도수가 높은 렌즈를 끼면, 먼 곳은 분명 또렷하게 보입니다. 그러나 가까운 곳을 볼 때는 모양체근을 수축시켜 초점을 맞춰야 하므로, 모양체근이 쉽게 피로해집니다. 젊을 때는 조절력이 좋아 버틸 수 있지만, 나이가 들수록 누적되는 피로가 점점 커집니다.

데스크 업무를 중심으로 하는 사람은 먼 곳을 볼 일이 그리 많지 않습니다. 오히려 가까운 곳이 잘 보이는 것이 중요하지요. 먼 곳이 선명하게 보이도록 도수를 높이기보다는, 도수가 약한 렌즈를 사용하는 편이 눈의 피로를 줄이는 데 더 효과적입니다.

특히 **40대 이상이면서 교정시력이 1.2 이상인 경우는, 도수가 너무 강하다**고 생각해도 좋습니다. 일상생활에서는 그 정도로 시력이 좋지 않아도 문제가 되지 않습니다. 그러므로 안과에서 시력 검사를 받고, 그 결과에 맞춰 정확한 처방을 받는 것이 좋습니다.

이는 안경뿐 아니라 콘택트렌즈도 동일하게 적용됩니다. 저 역시 콘택트렌즈를 사용하고 있지만, 도수는 일부러 약하게 맞췄습니다.

참고로 제가 안경 대신 콘택트렌즈를 선택한 이유 중 하나는, 시야가 더 넓고 작업에 더 적합하기 때문입니다. 안경을 쓰면 진료 중에 화면을 보고 있을 때 환자의 표정이 잘 보이지 않기도 하거든요.

피로감과 사용 편의성까지 고려해서, 안경이나 콘택트렌즈를 새로 맞추길 바랍니다.

073
데스크 업무할 때는 자세를 바꿔라

앉아서 일하는 시간이 길고, 어깨결림, 두통, 허리통증에 시달리는 사람이 있다면 **앉은 자세가 좋지 않을 가능성**이 큽니다. 화면을 보기 위해 몸을 앞으로 숙이거나, 시선이 위나 아래로 지나치게 쏠리는 경우가 아주 흔하지요.

자세를 스스로 점검하는 것만으로도 증상이 상당히 완화될 수 있습니다.

책상과 의자를 가까이, 팔꿈치는 직각으로

컴퓨터 작업을 할 때는 대부분 의자에 앉아서 책상 위의 컴퓨터를 사용합니다. 그러다 보면 작업 중에 자연스럽게 몸을 앞으로 숙이게 되어 허리에 부담이 가기 쉽습니다. 게다가 화면의 글자가 작아서 잘 보이지 않으면, 더 잘 보기 위해 자세를 앞으로 더 기울이죠.

우리 몸의 꼭대기에는 5~7kg이나 되는 머리가 올라가 있습니다. 등과 허리를 곧게 편 상태에서 머리가 위에 있으면, 몸 전체가 그 무게를 안정적으로 분산해 지탱할 수 있습니다. 그러나 상체를 숙여서 머리가 앞으로 나오게 되면, 균형이 무너지면서 **무거운 머리를 떠받치기 위해 목**

과 등 근육에 큰 부담을 줍니다. 그게 어깨결림이나 허리통증 등으로 이어질 수 있습니다.

좋은 자세를 취하는 포인트는 아래와 같습니다.

- 의자와 책상을 가까이 둔다
- 팔꿈치가 어깨 바로 아래에 오도록 한다
- 팔꿈치를 거의 직각에 가깝게 구부린다
- 손바닥 바로 아래에 키보드를 놓는다
- 화면을 볼 때는 시선을 약간 아래 방향으로 둔다

나쁜 자세 좋은 자세

시선은 살짝 아래를 향할 때 피로하지 않다

화면을 볼 때 **시선은 약간 아래 방향**을 향하는 것이 이상적입니다. 화면 상단이 눈높이에 맞도록 모니터 위치나 의자의 높이를 조절하세요.

시선이 위쪽을 향하면 턱이 앞으로 나오면서 목에 부담을 주어 쉽게 피로해집니다. 반대로 너무 아래를 보면 상체가 앞으로 많이 기울어집니다.

특히 노트북으로 작업할 때는 몸을 과도하게 앞으로 숙이게 되는 경향이 있습니다. 왠지 금방 지치는 느낌이 든다면, 위치를 살짝 조정해 보세요. 예를 들어 **노트북을 약 10cm 높이의 스탠드 위에 올리고, 키보드는 별도의 외장 키보드를 연결**하는 방법이 있습니다. 이렇게 하면 화면을 보는 시선이 살짝 아래로 향하면서 팔꿈치 각도도 직각으로 유지할 수 있습니다.

또한 최근에는 재택근무의 기회가 늘고 있습니다. 집에서 데스크 업무를 할 때는 특히 **품질 좋은 의자**를 사용하는 것이 좋습니다. 가격이 다소 높더라도 건강만 지킬 수 있다면, 장기적인 관점에서 경제적인 선택이랍니다.

074
유형에 맞는 두통약을 복용해라

두통이 잦은 사람들은 업무 중에도 **두통약**을 놓을 수가 없습니다. 두통약에는 여러 종류가 있으므로 자신의 두통 유형을 정확히 파악한 뒤, 그에 맞는 약을 정해진 용량에 따라 복용하세요.

만성 두통 가운데 특히 흔한 것은 다음 두 가지입니다.

- 긴장형 두통
- 편두통

이 두통들은 통증이 생기는 구조 자체가 완전히 다르므로, 관리 방법과 약의 종류가 모두 달라집니다. 이 점을 꼭 주의하세요.

긴장형 두통은 신체적·정신적 스트레스로 인해 목, 어깨, 머리 주변의 혈관이 수축하면서 통증이 발생합니다. 반면 **편두통**은 뇌의 혈관이 확장되면서 염증을 일으키고, 그로 인해 지끈지끈 맥박이 뛰는 듯한 통증이 나타납니다. 즉, 긴장형 두통은 '**머리 주변 혈관의 수축**', 편두통은 '**뇌 혈관의 확장**'이라는, 말 그대로 정반대의 원인으로 생기는 통증입니다.

복합 진통제는 특히 과다 복용에 주의하자

시판되는 진통제에는 아세트아미노펜, 이부프로펜, 아스피린 등의 성분이 포함되어 있습니다. 이처럼 하나의 성분만 포함된 **'단일 진통제'**는 긴장형 두통에 효과적입니다. 편두통의 경우에도 증상이 가벼울 때나 초기에 복용하면 어느 정도 효과가 있습니다.

하지만 주요 성분에 카페인 등 여러 성분을 함께 배합한 **'복합 진통제'**도 있습니다. 복합 진통제는 심한 두통에도 빠르게 효과가 나타나는 것이 특징이지만, 과다 복용 시 오히려 더 심한 두통을 유발할 수 있습니다. 반드시 정해진 용법과 용량을 지켜 복용해야 합니다.

처방약 역시 두통의 유형에 따라 달라집니다. 의사의 지시에 따라 올바르게 복용하세요.

075
기압이나 기온의 변화에 주의해라

태풍이나 저기압이 근접했을 때, 기온이 급격히 오르내릴 때, 장마철 시기 등에 몸 상태가 나빠지는 분들이 의외로 많습니다. 이는 최근 미디어에서도 자주 언급되는 '**날씨통**' 또는 '**기상병**'이라고 불리는 증상입니다.

정식 병명은 아니지만, 기압이나 기온 변화로 컨디션이 나빠지는 현상을 전반적으로 가리키는 말입니다. 기상 변화로 인해 **자율신경의 균형이 흐트러지는 것**을 주요 원인으로 추측합니다. 자율신경 중 교감신경이 과도하게 흥분하면 혈관이 수축해 혈액순환이 나빠지고, 두통 등의 컨디션 불량을 초래하는 것이죠. 또한 편두통, 어깨결림, 류머티즘과 같은 만성통증이 기상 변화 때문에 악화되어 나타날 때도 있습니다.

앱으로 기상 변화를 미리 알면 안심이 된다

날씨통은 특히 여성에게 많이 나타난다는 특징이 있습니다. 생리 주기와 함께 자율신경이 영향을 받는데, 여기에 기상 변화까지 더해지면 날씨통이 발생하기 쉬워지는 겁니다.

예전에는 이유 없이 머리나 온몸이 여기저기 쑤셔서 불안해하는 사람도 많았던 모양입니다. 하지만 그 원인이 기온이나 기압 변화 때문임을 알게 되면, 그 사실만으로도 심리적 부담이 크게 줄어들 수 있죠. 이 때문에 자신의 체질과 날씨 변화의 관계를 파악해두는 것이 중요합니다. **스마트폰 앱이나 온라인 서비스**로 미리 기압이나 기온 변화를 확인해두면, 마음의 준비가 될 뿐 아니라 적절한 대책을 마련할 수 있습니다.

예를 들어, 기상청 날씨누리를 이용해도 좋고 일기예보 서비스 회사에서 골라봐도 됩니다. 기상청이나 웨더닷컴에서는 앱과 웹사이트를 모두 운영하고 있으니 이를 통해 날씨를 체크하고 '날씨통'에 대비해도 좋겠지요. 말하자면 '날씨통 예보'라고 하겠습니다. 지역별·시간별 안내가 진행되니, 이러한 서비스를 잘만 활용하면 사전에 약을 준비하거나 복용할 수 있겠지요.

CHAPTER 10

생리의 고통을 케어하고 싶어요

생리는 '참는 것'이 아니다

076
생리로 힘들 때는 의사에게 상담해라

생리와 함께 찾아오는 컨디션 불량은 여전히 '참아야 하는 것'으로 여겨지기 쉽습니다. 하지만 과도한 통증이나 정신적 증상은 단순한 '여성의 숙명'이 아니라, **적절한 치료를 통해 개선 가능한 문제**입니다.

일반적으로 여성은 12세경에 초경을 맞고, 50세 즈음 폐경에 이를 때까지 주기적인 호르몬 변동을 타고 생활합니다. 대략 25~38일 정도의 생리 주기 동안, 난포호르몬인 '에스트로겐'과 황체호르몬인 '프로게스테론'이라는 두 가지의 분비가 오르내리며 여성의 컨디션에 다양한 영향을 미치죠.

호르몬 변화로 인해 괴로운 증상이 나타난다

생리 주기 동안 호르몬의 변동으로 생기는 대표적인 증상은 다음과 같습니다.

- 월경전증후군(PMS): 생리 전에 초조해지고, 가슴이나 아랫배가 팽팽해진다
- 월경곤란증: 생리 기간에 아랫배 통증, 허리통증 등이 나타난다

두 가지 증상을 통틀어 '**월경수반증상**'이라고 부릅니다. 이러한 증상에는, 당연하지만 개인차가 있습니다. 호르몬 변화에 민감한 사람이 증상을 느끼기 쉬우며, 심한 경우에는 일을 하기 어려울 정도로 괴롭죠.

기업 역시 생리와 관련된 괴로운 증상을 확실히 지원해야 합니다. 예를 들어 '**생리휴가**'는 노동기준법에 명시된 제도입니다. 하지만 현장에 따라 여전히 이해하지 못하는 곳도 있어서 '휴가 쓰기 어렵다', '눈치 보인다'는 이야기가 들리곤 합니다.

직장 내 지원이 여전히 부족한 이유 중에는, 많은 기업의 관리자나 경영진이 대부분 남성이라는 점도 있을 것입니다. 또한 증상의 개인차가 크다 보니, '다들 아무렇지도 않은데 왜 너만 힘들지?'라는 오해가 생기기 쉬운 환경도 문제입니다.

산부인과는 생리 상담을 하는 곳이기도 하다

여성이 더 일하기 좋은 환경을 만들기 위해서는 여성 건강에 대한 지식이 더 널리 공유될 필요가 있습니다. 저 역시 대학 시절에 산부인과 강의를 들었던 경험이 있고, 산부인과 의사인 아내가 TV나 강연을 통해 여성의 건강에 대한 계몽 활동을 활발히 펼치고 있어서 이 분야를 깊이 이해하게 되었습니다.

생리와 함께 나타나는 괴로운 증상은 우리의 시간을 앗아갑니다. 몸이 좋지 않으면 일을 할 수 없을 뿐만 아니라, 통증을 참으면서 억지로 일하면 업무 능률도 떨어질 수 있습니다.

따라서 생리 때문에 견디기 힘들 때는 의사에게 상담하는 게 좋습니다. 적절히 대처하면 PMS로 인한 정신적·신체적 불편을 줄일 수 있습니다. 또한 월경곤란증으로 인한 통증이 일상생활에 지장을 주는 수준에 이르면, 치료가 필요합니다.

특히 월경곤란증 뒤에는 **자궁내막증** 같은 질환이 숨어 있는 경우도 있습니다. 이러한 질환을 조기에 발견하기 위해서라도 산부인과 진료는 중요합니다.

물론 산부인과를 찾는다는 것에 대해 심리적 부담이 높은 것도 사실입니다. 아직도 '산부인과는 임신과 출산을 할 때만 가는 곳'이라는 오해가 남아 있기 때문인데요. '단지 생리 때문에 힘들다'고 병원에 가도 될지 망설이지 마세요. 지금은 많은 사람이 생리 관련 불편을 완화하기 위해 병원을 찾고 있습니다. 안심하고 전문가에게 상담받으세요.

077
저용량 피임약을 활용해라

산부인과에서 **'저용량 피임약'**을 처방받으면, 생리와 관련된 여러 불편한 증상이 개선될 수 있습니다.

저용량 피임약은 생리 트러블 완화에 효과적인 선택지이지만, 여전히 피임약이라는 인식이 강해서 치료제로서 어떤 역할을 하는지는 널리 알려지지 않았습니다. 이러한 인식 부족이 저용량 피임약의 활용을 가로막는 요인 중 하나입니다.

산부인과 의사인 제 아내에게 들은 바로는, 저용량 피임약을 적절히 처방받으면 생활의 질이 놀라울 정도로 향상되는 사례가 많다고 합니다. 물론 두통이나 부기 같은 부작용을 걱정하는 분들도 있지만, 최근에 나오는 저용량 피임약은 과거에 비해 부작용이 크게 줄었습니다.

여성 호르몬 성분이 함유되어 있다

저용량 피임약에는 여성 호르몬인 **난포호르몬**(에스트로겐)과 **황체호르몬**(프로게스테론) 성분이 들어 있습니다. 이 약을 복용하면, 체내에서 난포호르몬과 황체호르몬의 분비가 억제됩니다. 그 결과, 다음과 같은 효과를 기대할 수 있습니다.

- 배란이 억제되어 복용 중 임신을 높은 확률로 예방할 수 있다
- PMS 증상이 완화된다
- 생리 기간의 불쾌한 증상이 줄어든다
- 자궁내막증의 진행을 억제해 통증을 덜어낸다

항목별로 자세히 설명해볼게요.

생리 전에 마음이 초조해지고, 가슴과 아랫배가 팽팽해지는 PMS 증상은 배란 후 증가하는 황체호르몬도 주요 원인 중 하나입니다. 저용량 피임약을 복용하면 황체호르몬의 분비가 억제되므로, PMS 증상이 완화됩니다.

생리할 때 몸에서 배출되는 혈액은 수정란이 착상되지 않은 자궁내막이 벗겨지면서 생기는 것입니다. 이 자궁내막의 배출을 돕는 물질이 **프로스타글란딘**인데, 이 성분은 진통 촉진제로도 사용될 만큼 자궁을 강

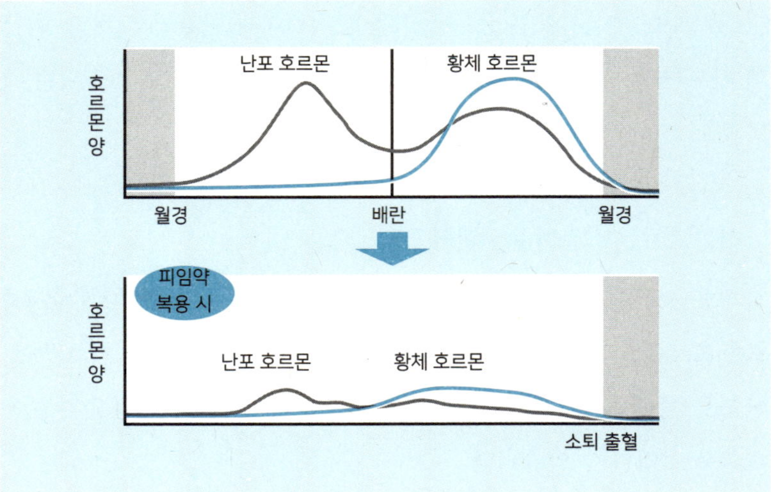

하게 수축시키는 작용을 하며, 과도하게 분비되면 심한 복통 외에도 두통, 어깨결림, 허리통증, 몸의 냉증 등 다양한 증상을 일으킵니다. 저용량 피임약은 프로스타글란딘의 작용을 억제하는 효과도 있어, 생리 중에 나타나는 이러한 불편한 증상을 완화해줍니다.

20~40대 여성은 월경곤란증뿐 아니라 난임의 원인이 될 수 있는 자궁내막증에도 주의해야 합니다. 저용량 피임약은 자궁내막증 악화로 인한 통증을 줄이고, 자궁내막증 수술 후 재발을 예방하는 데에도 효과가 있습니다.

생리 주기를 안정시키는 데도 도움된다

일이 너무 바빠 생리가 멈췄다는 이야기를 들어보았지요? 야간까지 이어지는 업무나 수면부족, 강한 스트레스 등이 원인으로 몸과 마음에 큰 부담이 생기면 여성은 자신의 몸을 우선하여 보호하기 위해 생식 기능을 뒤로 미루려는 반응을 보입니다. 그 결과, 뇌에서 난소로 보내는 신호가 제대로 전달되지 않아 생리 주기가 흐트러질 수 있습니다. 이는 무리한 다이어트로 체중이 급격히 줄었을 때, 또는 운동선수가 강도 높은 훈련을 이어나갔을 때에도 나타나는 현상입니다.

이런 상황에서는 무엇보다 일하는 방식을 조정하고, 적절한 체중을 회복해서 몸을 먼저 보호해야 합니다. 하지만 업무가 바쁜 시기에 생리 주기가 흐트러져 통제되지 않는 경우도 있을 것입니다. 그럴 때는 **저용량 피임약으로 생리 주기를 안정시키세요.** 이는 꽤 효과적인 수단이니, 고려해봐도 좋겠습니다.

078
생리량이 늘어나면 자궁 질환을 의심해라

생리와 함께 나타나는 통증을 의사에게 상담해야 하는 또 하나의 이유는, 그 뒤에 무서운 질환이 숨어 있을 가능성 때문입니다. 심한 생리통이나 출혈량의 증가는, 몸이 보내는 중요한 신호일 수 있습니다.

이전과 비교해 생리량이 눈에 띄게 늘었거나, 큰 핏덩어리가 나오기 시작했거나, 일상생활에 지장이 생길 정도로 생리통이 심해진 경우에는 주의가 필요합니다. 이러한 증상 뒤에는 다음과 같은 **자궁 질환**이 숨어 있을 수 있습니다.

- 자궁내막증
- 자궁선근증
- 자궁근종
- 자궁내막 폴립
- 자궁암(자궁체부암·자궁경부암)

자궁 질환은 다양한 연령층에서 일어난다

생리 자체도 힘든데, 혹시 자궁 질환일 수도 있다는 말을 들으면 누구나 불안해지게 마련입니다. 여기서는 대표적인 질환들을 설명하겠습니다.

자궁내막증은 자궁내막 조직이 자궁 안쪽뿐 아니라 난소나 복막 등 다른 부위에도 생기는 질환입니다. 생리통이 심해지는 증상 외에도 난임의 원인이 되기도 합니다.

자궁선근증은 자궁내막과 유사한 조직이 자궁의 근육층 속으로 파고드는 질환입니다. 심한 생리통을 동반하며, 생리량이 많아집니다. 출산 경험이 있는 여성에게 많이 생깁니다.

자궁근종과 **자궁내막 폴립**은 각각 자궁벽과 자궁내막에 생기는 양성 종양입니다. 자궁근종의 경우 근종이 주변을 압박하면 빈뇨나 허리통증이 나타날 수 있습니다. 한편, 자궁내막 폴립은 연령대와 관계없이 발생할 수 있습니다. 위치에 따라서는 크기가 작아도 부정 출혈(생리 기간이 아닐 때 생기는 출혈)을 일으킬 수 있습니다.

악성 종양의 경우, 자궁 입구에 생기는 것이 **자궁경부암**이고, 자궁내막에 생기는 것이 **자궁체부암**입니다. 자궁경부암은 바이러스 감염이 원인으로 젊은 연령층에서 많이 발생하고, 자궁체부암은 40대 이후부터 증가하는 특징이 있습니다. 잘 알려져 있듯이 자궁경부암은 백신 접종

으로 예방할 수 있습니다.

특히 40대 이후에 과다한 월경이나 부정 출혈이 있다면 대부분 양성 질환이 원인이지만, 악성 질환의 가능성도 반드시 염두에 두어야 합니다.

조기에 발견하고 치료하는 것이 바람직하다

현대 의학에서는 초음파 검사(에코)나 MRI(자기공명영상) 등을 통해 자궁 질환을 조기에 발견할 수 있으며, 대부분의 경우 적절한 치료로 호전됩니다.

'여성이니 당연히 아플 수 있다'는 선입견 때문에 진료를 미루면, 병을 늦게 발견할 수 있고 그만큼 위험할 수 있습니다. 조금이라도 의심되는 증상이 있다면, 부끄러워하지 말고 산부인과 진료를 받으시길 권합니다.

저 역시 개인 주치의로서 이러한 생리 수반 증상에 대해 상담받는 경우가 있습니다. 갑자기 산부인과에 가는 것이 부담스럽다면, 내과 등 다른 과의 주치의에게 먼저 상담해보는 것도 좋은 방법입니다.

079
생리 불순은 원인별로 대처해라

일반적으로 생리 주기는 약 25~38일입니다. 일주일 정도의 변동은 정상 범위이지만, 그 이상을 넘으면 '**생리 불순**'으로 간주합니다.

생리 주기가 안정되지 않으면 일상생활에 불편이 생길 뿐 아니라, 배란이 불규칙해지면서 호르몬 균형이 무너집니다. 그리고 그 영향으로 골다공증 위험이 높아질 수 있다는 사실도 알려졌습니다.

생리 불순의 배경에는 '**077**'에서도 이야기했듯이 강한 스트레스나 무리한 다이어트, 격한 운동 등으로 인해 몸과 마음에 큰 부담이 생긴 경우가 많습니다. 그 밖에도 난소 기능 저하나 다른 호르몬의 영향으로 생리 불순이 생기기도 합니다.

생리 불순에는 몇 가지 원인이

생리 불순을 유발하는 대표적인 질환으로는 **다낭성 난소증후군**을 들 수 있습니다. 보통 난소 안에서는 수십 개의 난포가 자라나는데, 난포의 성장이 중간에 멈춰 작은 난포들이 난소 안에 머무르게 되는 것이 다낭성 난소증후군입니다. 그 결과 배란이 주기적으로 일어나지 않아 생리 불순이 되는 것이지요.

또한 난소 기능은 30대 중반부터 서서히 감소하기 시작하며, 40세를 넘기면 생리 불순이 더욱 흔해집니다. 배란이 제대로 이루어지지 않았거나 난포가 충분히 자라지 않은 상태에서 배란이 일어나기 때문에, 주기가 흐트러지기도 하고 출혈량도 달라지는 것이지요.

생리 불순은 저용량 피임약을 사용해 생리 주기를 안정시키는 방법으로 치료하고, 임신을 준비 중이라면 배란을 돕는 배란유도제를 사용합니다. 또한 다른 종류의 호르몬제를 사용해 일정한 주기로 생리가 발생하게 하는 방법도 있습니다.

080
신경이 예민해지고 열감이 있다면 '갱년기'를 의심해라

여성은 일반적으로 50세 전후에 폐경을 맞으며, 그 전후 약 10년 정도를 **'갱년기'**라고 부릅니다. 갱년기에는 다음과 같이 다양한 증상이 나타날 수 있습니다.

- 생리 주기가 이전과 달라진다
- 생리량이 전보다 줄거나, 반대로 늘어난다
- 쉽게 짜증이 난다
- 잠이 잘 오지 않거나 깊이 못 잔다
- 불안감이나 우울감이 커진다
- 어깨결림이나 허리통증이 심해진다
- 무기력해지고 쉽게 피로해진다
- 몸에 열감이 느껴지고 땀이 많이 난다
- 두통이나 어지럼증이 생긴다

갱년기에 이처럼 다양한 증상이 나타나는 이유는 여성 호르몬의 분비량이 변동하기 때문입니다.

일에 대한 의욕이 올라간 시기에 갱년기 증상 때문에 생각대로 일하지 못한다는 하소연도 종종 듣습니다. 증상이 보인다면 무리하지 말고 의사에게 상담해 적절한 치료를 받고 증상을 완화하세요.

호르몬 보충으로 치료

갱년기 증상은 **호르몬 보충 요법**을 통해 여성 호르몬을 보충하면 완화될 수 있습니다.

호르몬 보충 요법은 난포호르몬과 황체호르몬을 외부에서 보충한다는 점에서 저용량 피임약과 원리가 비슷합니다. 다만 함유된 호르몬의 양이 다릅니다. 호르몬 보충 요법 때는 저용량 피임약보다 훨씬 더 적은 양을 복용합니다. 이러한 치료를 통해 향후 골다공증이나 심혈관질환의 위험을 낮추는 효과도 기대할 수 있습니다.

이 외에도 **대두 식품**, **에쿠올**, **한방 약제**를 사용해 증상을 완화하는 경우도 있습니다.

'에쿠올'은 두부, 낫토, 된장 같은 대두 식품을 섭취했을 때 장내 세균이 만들어내는 물질로, 에스트로겐(난포호르몬)과 유사한 작용을 합니다. 다만 에쿠올을 만들어낼 수 있는 장내 세균은 한국인이나 동아시아인의 약 50%에게만 존재합니다. 영미권은 30% 정도고요. 그런데 대두 식품을 먹더라도 에쿠올이 생성되는지는 알 수 없습니다. 그렇다면 에쿠올 영양제를 직접 섭취하는 것도 좋은 방법이에요. 에쿠올은 열감이나 PMS 증상을 개선하는 작용을 한다는 연구 결과도 있습니다.

한방 약제는 개인의 체질에 따라 **가미소요산**, **계지복령환**, **당귀작약산** 등을 사용합니다. 갱년기 증상은 사람마다 다르므로, 의사와 상의하며 자신에게 맞는 대처법을 찾는 것이 중요합니다.

30대 후반에 갱년기 비슷한 증상이 나타나면?

갱년기는 다양한 매체에서 자주 다루어 지금은 널리 알려졌습니다. 앞서 언급한 증상들이 50대에 나타나면, 대부분 '갱년기가 왔구나' 하고 생각할 것입니다.

하지만 실제로는 **30대 후반**에도 갱년기와 비슷한 증상이 나타날 수 있습니다. 대표적인 경우가 40세 이전에 생리가 멈추는 **조기 난소부전**으로, 조기 폐경이라고 불리던 질환입니다. 따라서 30대 후반에 생리 불순이나 갱년기와 비슷한 증상이 나타난다면, 산부인과에서 혈액검사 등을 받아보길 바랍니다.

또한 **갑상샘 기능 이상**이 있어도 생리 불순, 열감, 짜증, 두근거림 등의 증상이 나타날 수 있습니다. 여성에게 흔한 질환이기 때문에, 역시 진료와 검사를 받아야 합니다.

081
남성도 생리에 대해 알아라

이 장에서는 여성에게 나타나는 다양한 생리 관련 증상과 그 이면에 잠자고 있을 수 있는 무서운 질환들에 대해 설명했습니다.

그런데 남성 독자들도 이 장을 읽고 있을까요? 혹시 '나랑 상관없는 내용이네' 하고 건너뛰었을지도 모르겠습니다.

하지만 저는 **남성일지라도 생리에 대해 잘 알아두길 바라는 마음**이 있습니다. 남성이 생리에 대해 이해를 넓히는 것은 곧 여성 동료, 상사, 부하 직원, 그리고 배우자의 몸과 마음을 더 깊이 이해하는 것과 같습니다. 그렇게 하면 직장과 가정의 분위기를 한층 더 좋은 방향으로 끌고 갈 수 있겠지요.

지식이 부족한 남성이 놀라울 만큼 많다

놀랄 정도로 많은 남성이 기본적인 생리 메커니즘이나 그에 따라 어떤 신체적·정신적 변화가 일어나는지 잘 알지 못합니다. 특히 관리직에 있는 남성의 경우, 생리 문제를 겪는 여성 직원에게 '생산성이 떨어진다', '의욕이 없어 보인다' 등 오해하는 사례가 끊이지 않습니다. 실제로는 월경곤란증이나 PMS가 원인일 수 있는데도 말이지요.

현재 관리직에 있는 남성들은 학교에서 여성의 건강에 대해 충분히 배우지 못한 세대라고도 합니다. 또한 지금도 여성 비율이 낮은 직장은 많고, 관리직이나 경영진으로 올라갈수록 여성의 수는 더 적어집니다. 이런 요인도 있기 때문인지 남성들 사이에서 생리에 대한 이해가 여전히 개선되지 않아, 결국 여성들이 어려움을 겪는 실정입니다.

직장에서 생리에 대한 이해가 높아지면 필요한 배려와 환경 조성이 가능해지고, 결국 조직 전체의 퍼포먼스가 오를 것입니다. 이제는 남녀를 불문하고, **사회인들에게 '여성의 건강'에 대한 지식은 필수**라고 할 수 있습니다.

저 역시 산부인과 의사인 아내로부터 많은 이야기를 들으며, 여성이 얼마나 힘든 경험을 하고 있는지 알게 되었습니다. 남성들의 '알려는 노력'이 좋은 사회를 만드는 첫걸음입니다. 함께 만들어볼까요!

082
펨테크를 활용해라

여성은 생리 때문에 잃는 시간이 매우 큽니다. 한 달에 1주일에서 열흘 정도 이어지는 생리 기간에 아랫배의 통증이나 허리통증 같은 증상을 맞닥뜨리고, 피로감·졸음·편두통·어지럼증·식욕 저하에 시달리기도 하죠.

월경곤란증이나 PMS는 단순히 본인만 힘든 데서 끝나지 않습니다. 일상생활과 업무 수행에도 지장을 주는 경우가 있습니다. 이러한 생리 관련 증상으로 인해 발생하는 연간 노동 손실 비용이 어마어마하다고 합니다. 조안나 브루위스 영국 오픈대학 경영대학원 교수는 여성들의 갱년기로 인한 생산성 손실이 전 세계적으로 연간 190조 원 이상이라고 말했지요. 게다가 40~50대에는 많은 여성이 갱년기 장애로 어려움을 겪고 있습니다.

기술이 여성의 건강 문제를 해결하다

여성의 활약을 부르짖고 있는 요즘. 일하는 여성을 지원하고 귀중한 시간을 되찾을 가능성을 품은 수단이 바로 **'펨테크'**입니다.

펨테크는 Female(여성)과 Technology(기술)의 합성어로, 여성 특유의 건강 문제를 기술력으로 해결하기 위한 제품과 서비스 전반을 가리킵니다.

2023년 노벨 경제학상은 하버드대학교의 클라우디아 골딘 교수에게 수여되었습니다. 골딘 교수는 여성의 노동시장 참여를 분석한 연구로 유명하며, 경구 피임약을 비롯한 펨테크가 여성의 경력에 미친 영향에 대해서도 연구하고 있습니다.

저는 산부인과 의사인 아내가 펨테크 관련 교육에 참여하고 있어, 다양한 사례를 접할 수 있었습니다. 예를 들면, 전기적으로 신경을 자극해서 생리통을 완화하는 웨어러블 기기, 생리 주기와 기초체온을 기록하는 앱, 배란일을 예측해주는 디바이스 등 종류도 매우 다양합니다.

펨테크를 활용하면, 여성이 직접 자기 몸의 변화를 객관적으로 파악할 수 있습니다. 그러한 데이터는 의사에게 상담할 때도 효과적으로 활용할 수 있어, 더 효과적인 치료로 이어질 수 있습니다.

여성이 자신의 건강 문제에 소비하는 시간을 줄이고, **일이나 취미, 가족과 함께 보내는 시간 등을 더 많이 확보할 수 있다는 점**이 펨테크의 본질적인 가치라고 생각합니다.

083

갱년기를 헤치고 나가 활약해라

힘겹게 갱년기를 겪고 있는 여성들이 많습니다. '080'에서 소개했듯이, 짜증이 늘고 얼굴이 확 달아오르고 잠이 잘 오지 않고 어깨결림과 두통이 생기는 등, 다양한 증상에 시달리지요.

이런 증상이 보인다면, 예전처럼 일하기 어려운 것이 당연합니다. 특히 갱년기에 대한 이해가 부족한 직장이라면, '여기서 계속 일할 수 있을까?'라는 불안감에 사로잡힐 수 있습니다.

하지만 갱년기는 인생의 한 통과점일 뿐이며, 그 너머에는 새로운 가능성이 펼쳐져 있습니다. 저는 **실제로 갱년기를 이겨낸 후 활약하는 여성**을 몇 명이나 알고 있습니다. 폐경 이후에 인생 최고의 업무 퍼포먼스를 발휘하는 경우도 드물지 않지요.

이겨낸 순간, 새로운 세계가 기다린다

제가 알고 있는 60대의 한 여성 경영자는 50대에 심각한 갱년기 장애로 애를 먹었습니다. 회의 도중 갑자기 얼굴 홍조(열감)가 일어나기도 했고, 집중력이 떨어져 속앓이를 했습니다.

하지만 자신에게 맞는 치료법을 찾아내어 갱년기를 극복한 60대의 지금이 오히려 '**인생에서 최고로 일 잘하는 시기**'라고 말합니다.

폐경 이후에는 여성 호르몬 수치가 낮은 상태로 안정되기 때문에, 더 이상 호르몬 변동에 영향을 받지 않습니다. 그래서 오히려 더 똑 부러지게 일을 할 수 있는 것입니다.

갱년기 증상은 사람마다 차이가 커서, 누구나 비슷한 경험을 하는 것은 아닙니다. 그래서 같은 고민을 나눌 상대가 주변에 없을 가능성도 있지요. 그런 상황에서는 기분의 파동이나 신체 변화가 생기면, '왜 나만 이렇게 힘들지?'라는 생각이 들어 더 괴로워지는 경우도 있습니다. 하지만 의사에게 상담하고 치료를 받으면 증상을 완화할 수 있고, 잘 이겨내서 그 벽을 넘어가면 또 새로운 세계가 기다리고 있을 가능성이 있습니다.

부디 그 가능성을 믿고, '통과점'일 뿐인 갱년기와 맞서길 바랍니다.

CHAPTER 11

안티에이징으로 활력을 얻고 싶어요

최신 의학 지식으로
퍼포먼스를 올리자

084
안티에이징으로 건강해지자

안티에이징이라는 단어를 들으면 대부분 미용을 떠올릴 것입니다. 하지만 안티에이징은 원래 영어의 뜻을 생각해보면 알 수 있듯이, **'병적인 노화를 막고, 건강하게 오래 사는 것'**을 뜻합니다.

세월이 흐르면 누구나 나이가 들기 때문에 '**가령**(加齡, 실제로 나이가 증가하는 것)'에서 벗어날 수는 없습니다. 하지만 '**노화**(나이가 들면서 병적으로 변화하는 것)'는 막을 수 있습니다. 그러한 변화를 예방하는 방법이 바로 안티에이징입니다.

질병 발생을 막는 예방의학의 한 분야

세상에는 안티에이징에 관한 정보가 무수히 많습니다. 물론 그중 상당수는 미용과 관련된 내용이지만, 그런 기사에서도 노화 방지나 건강 증진에 참고할 만한 내용이 있습니다.

특히 남성들 중에는 '안티에이징에 관심 없는데', '아직 젊은데 알 필요 없지'라고 생각하는 사람도 많은데, 실제로 나이가 든 후에 관심을 가져봤자 이미 늦습니다. 조금이라도 젊을 때부터 안티에이징에 관한 정보를 접하고, 필요한 부분을 일상에 조금씩 적용하는 것이 중요합니다.

저는 비슷한 연령대의 두 환자를 진료한 후로 안티에이징의 중요성을 실감하게 되었습니다. 그 두 사람은 또래였지만 건강상태는 크게 달랐습니다. 한 사람은 젊고 활력이 넘쳤고, 다른 한 사람은 노화가 빠르게 진행된 상태였습니다.

두 사람은 사회적 지위나 생활 수준도 비슷했지만, 한 가지 차이점이 있었습니다. 그것은 바로 '**건강에 대한 의식**'이었습니다. 젊고 활력 넘치는 사람은 건강 정보를 잘 알며, 식사, 운동, 수면의 질에 대한 의식도 높았습니다.

그 차이를 바로 눈앞에서 맞닥뜨리고 나니, 노화가 생활 습관에 따라 이렇게 큰 차이로 나타난다는 사실을 이해했습니다. 그때부터 안티에이징을 본격적으로 공부해야겠다고 마음먹었죠.

안티에이징은 **예방의학**의 한 분야입니다. 다만, '예방의학'은 건강검진이나 종합검진과는 다릅니다. 그런 것들은 질병을 조기에 발견하는 것이 목적이지, 병이 생기지 않도록 예방하는 활동은 아닙니다. 반면, 안티에이징은 그보다 한 단계 앞선 개념으로, 건강 증진을 도와 질병의 발생을 미리 막는 개념입니다.

몸의 내부를 건강하게 유지하는 것이 안티에이징의 본질이다

안티에이징에서는 내면의 건강을 지켜 노화를 늦추고, 항상 젊음과 건강을 유지하는 것이 목표입니다. 결과적으로 외모가 어려 보이거나 피부가 좋아지는 효과로 이어질 수도 있지요. 이 때문에 미용의 관점에서 다뤄지기도 하지만, 중요한 것은 내면의 건강을 갖췄을 때 외적으로도 아름다워진다는 점에 있습니다.

즉, 안티에이징의 본질은 단순히 '젊어 보이는 외모'가 아니라 **건강하고 활력 있는 인생을 보내는 것**에 있습니다.

안티에이징은 아직은 새로운 분야이기 때문에, 그중에는 과학적 근거가 충분하지 않은 영역도 존재합니다. 그렇더라도 몸의 상태를 더 좋게 유지하기 위한 하나의 접근법으로써 다양한 정보를 접해보길 권합니다.

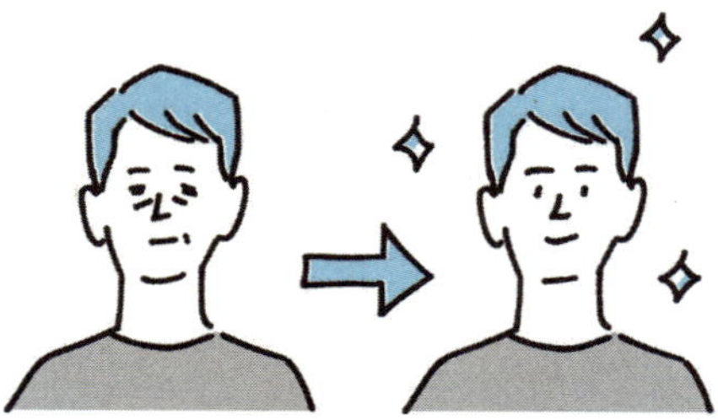

085

피부 상태를 정돈해라

바쁜 업무 때문에 몸이 지쳐 있을 때, 동료나 지인이 '피곤하세요?', '괜찮아요? 힘이 없어 보이는데' 하며 말을 걸 때가 있습니다. 정말 피곤한지 아닌지는 본인만 알 수 있겠지만, 상대방이 그렇게 말한 판단 근거는 겉으로 보이는 모습입니다. 즉, 겉으로 확인이 가능한 **얼굴**이 판단의 재료가 되는 것입니다. 표정은 물론이고, 피부의 윤기를 보고 우리는 그 사람의 내적 건강상태를 가늠하게 됩니다.

피부는 몸속이 얼마나 건강한지 보여주는 바로미터

많은 여성이 매일 거울 앞에서 피부 상태를 꼼꼼히 살핍니다. 하지만 남성들 대부분은 여전히 피부 상태에 무심하죠. 그나마 요즘 젊은 남성들은 피부에 관심을 보이고 있다고 하더군요.

적어도 매일 아침에 한 번은 거울로 피부 상태를 점검해서, **색소침착**, **피부결**, **뾰루지**, **염증** 등이 없는지 확인하는 것이 중요합니다.

피부는 건강상태를 보여주는 바로미터입니다. 피부 상태가 나빠진 것 같으면, 자신의 생활 습관을 돌아보는 계기로 삼으세요.

피부 건강을 해치는 나쁜 습관은 **수면부족**, **건강하지 않은 식사**, **변비**,

스트레스, **운동 부족**까지 다섯 가지를 들 수 있습니다. 피부 상태가 좋지 않다면, 이 다섯 가지 중 어딘가에서 문제가 생겼다고 보면 됩니다.

피부 상태를 정돈할 때 중요한 요소 중 하나가 바로 **'턴오버'**를 의식하는 것입니다. 턴오버란 새 피부가 생성되고, 오래된 피부가 떨어져 나가는 것을 말합니다, 즉, 피부가 다시 태어나는 주기(피부재생주기)를 말하지요. 20대 때 턴오버 주기는 약 한 달 정도지만, 40대가 되면 약 한 달 반가량으로 늘어난다고 알려져 있습니다. 생활 습관의 문제로 턴오버 주기가 흐트러지면, 색소침착과 주름 및 피부 트러블 등이 생기는 원인이 됩니다.

피부 상태를 정돈하기 위한 생활 습관

피부 상태가 좋지 않다고 느껴진다면, 앞서 언급한 다섯 가지 생활 습관을 점검해보세요.

수면은 피부가 순조롭게 턴오버를 하기 위해 빠질 수 없는 부분입니다. 잠이 부족하면 피부가 쉽게 건조하고 칙칙해지는 원인이 된답니다. 질 좋은 수면을 취하도록 신경을 써야겠지요.

우리가 먹는 음식은 피부 건강에 직접적으로 영향을 줍니다. 영양소를 골고루 섭취하면, 피부 건조와 염증을 예방할 수 있습니다. 특히 비타민 C나 비타민 E 같은 항산화물질을 의식적으로 섭취하세요.

과음은 피부의 가장 큰 적입니다. 알코올이 분해되는 과정에서 생성되는 아세트알데히드가 체내에 오래 머물면, 노화를 촉진하는 AGE(최종당화산물)가 만들어집니다. AGE는 주름, 색소침착, 건조함 등 다양한 피부 문제를 일으킵니다.

식생활과 관련하여 변비 역시 피부 건강을 해치는 골칫덩어리로 잘 알려져 있습니다. 피부의 턴오버를 흐트러뜨려 여드름이나 뾰루지가 생기는 원인이 되는 것이죠. 식이섬유가 풍부한 식단이 중요합니다.

스트레스는 피부 건조와 염증을 악화시킵니다. 평소에 자신만의 스트레스 해소법을 마련해두세요.

적절한 운동은 스트레스를 줄일 뿐 아니라, 혈액순환을 촉진해 피부에 필요한 영양을 공급함으로써 피부 상태를 정돈하는 효과가 있습니다.

086

활력의 원천, DHEA 호르몬을 활용해라

오랜만에 모교 동창회에 참석했다가 깜짝 놀랐습니다. 예전 모습 그대로 젊고 생기 있는 친구가 있는가 하면, 반대로 유난히 지쳐 보이고 나이 들어 보이는 사람도 있었습니다. 다들 비슷한 경험이 있을 겁니다.

시간은 누구에게나 공평하게 흐르지만, 30대를 지나면 사람마다 외모 나이가 점점 차이 나는 현상이 일어납니다. 실제 나이는 같아도, 겉모습의 차이가 확연해지는 것이지요.

대체 어디에 원인이 있을까요? 그 단서를 찾는 중요한 힌트 중 하나로 최근 주목받고 있는 것이 **DHEA 호르몬**입니다.

'청춘 호르몬'이라고 불리지만, 나이 들수록 감소한다

DHEA란 '디하이드로에피안드로스테론'의 약자로, 신장 위에 위치한 부신에서 콜레스테롤을 기반으로 합성됩니다. 이 호르몬은 남성 호르몬(테스토스테론)과 여성 호르몬(에스트로겐)을 만드는 데 필요한 재료가 됩니다.

또한 DHEA는 면역력을 높이고 염증을 억제하거나, 동맥경화와 지질 이상을 개선하거나, 당뇨병 발생 위험을 낮추는 작용을 합니다. 그리고 무엇보다 근력을 유지하고 대사를 높이는 역할을 한다고 해서 '**청춘 호르몬**'이라고 불립니다.

DHEA 호르몬은 체내에서 대부분 DHEA-S라는 형태로 존재합니다. 혈중 DHEA-S 농도는 20세 전후에 정점을 찍고, 30세 무렵부터 급격히 감소합니다. 40대에는 20대의 절반 수준으로 떨어지고, 70대가 되면 약 20% 수준까지 내려갑니다.

한편, 건강하게 오래 사는 사람에게는 DHEA-S 농도가 높다는 결과가 다양한 추적 조사를 통해 보고되었지요.

스트레스는 DHEA를 감소시킨다

40세를 넘기는 시점부터 주위 지인들이 '예전처럼 여기저기 다니는 게 힘들어', '왜 쉬어도 계속 피곤하지?'라며 한탄하는 소리를 자주 들습니다. 이런 변화는 단순히 나이가 들었기 때문이 아니라, DHEA 호르몬이 부족해졌기 때문일 수 있습니다.

DHEA 호르몬에는 성기능이나 인지 기능 개선, 면역력 강화나 암 억제, 골다공증 예방, 체지방 감소 등에 효과적이라는 보고도 있습니다.

DHEA 생성을 돕는 식품으로는 **참마**나 **토란** 등이 있습니다. 예로부터 이런 식품을 먹으면 원기가 회복된다고 했는데, 그 이유 중 하나가 DHEA일 수 있지요.

해외에서는 영양제로 일반 판매되기도 하는데, 한국과 일본에서는 의약품으로 분류됩니다.

한편, 과도한 스트레스는 DHEA를 감소시키는 원인이 되며 노화 촉진으로 이어질 수 있으니 주의가 필요합니다. DHEA 호르몬을 감소시키지 않기 위해서라도 일상생활 속 스트레스를 줄이는 것이 매우 중요하겠지요.

087

다양한 기능이 있는 비타민 D를 활용해라

예전에는 비타민 A, B군, C 등에 비해 상대적으로 이름이 덜 알려졌던 것이 **비타민 D**인데, 최근 연구가 진행되어 다양한 기능이 주목받으면서 '만능 비타민'이라고 불리고 있습니다. 현대인은 비타민 D가 압도적으로 부족하다고 합니다. 비타민 D는 어떤 기능이 있고, 어떻게 하면 효율적으로 섭취할 수 있는지 알아두면 좋겠지요.

뼈형성뿐만 아니라 면역기능에도 관여하는 비타민 D

비타민 D는 무엇보다도 **뼈를 튼튼하게 하는 기능**이 잘 알려져 있습니다. 칼슘 흡수를 돕고, 체내 칼슘 대사를 촉진해 뼈를 강하게 만들어줍니다. 아무리 칼슘을 충분히 섭취해도, 비타민 D가 부족하면 충분히 흡수되지 않습니다. 그래서 비타민 D 결핍은 골다공증의 원인이 될 수 있는 것입니다.

면역기능과도 관련이 있는데, 비타민 D를 충분히 섭취한 사람은 계절성 독감에 잘 걸리지 않는다는 보고도 있습니다. 또한 세포증식이나 분화, 암의 발생을 낮추는 기능도 있다는 사실이 밝혀졌지요.

이처럼 다양한 역할을 담당하는 비타민 D는 예방의학 관점에서도 주목해야 할 영양소입니다.

완벽한 자외선 차단은 비타민 D 부족의 원인

비타민 D는 어떻게 섭취하는 것이 좋을까요? 비타민 D가 풍부한 식품으로는 **생선류**와 **버섯류**가 있습니다. 특히 연어나 등푸른생선(고등어, 꽁치, 정어리 등)에 많이 들어 있어, 생선을 먹으면 비타민 D를 효율적으로 보충할 수 있습니다.

또한 비타민 D는 체내에서 직접 생성된다는 점에서 다른 비타민과는 다릅니다. 햇빛에 포함된 **자외선이 피부에 닿으면**, 체내의 콜레스테롤을 이용해 비타민 D가 합성됩니다. 따라서 실내에 틀어박혀 있거나 자외선을 철저하게 차단하는 경우, 비타민 D가 부족해질 수 있습니다. 최근에는 남성의 경우 오랜 시간 실내에서 하는 데스크 업무, 여성의 경우 철저한 자외선 차단 습관이 비타민 D 부족의 주요 원인으로 꼽힙니다. 매일 짧은 시간이라도 좋으니, 햇볕을 듬뿍 쬐는 시간을 가지세요.

088
짜증 나고 기분이 가라앉는다면 남성 호르몬의 감소를 의심해라

중년 남성에게 흔히 나타나는 증상으로는 초조함, 열감, 기분 저하, 피로감, 의욕 감소가 있습니다. 남성이 40대 후반을 지나 이렇게 신체적·정신적 변화가 느껴진다면, 남성 호르몬이 감소했을 가능성이 있습니다.

갱년기는 여성뿐만 아니라 남성에게도 존재합니다. 남성의 갱년기 장애는 **LOH**(노인남성성선기능저하) **증후군**이라는 정식 질환입니다.

남성 갱년기 장애는 적절한 대처를 하면 크게 개선될 수 있습니다. 생활 습관을 점검하는 것은 물론, 주저하지 말고 의사에게 상담을 받아보세요.

단순한 노화나 스트레스로 다루는 경우가 많다

남성의 갱년기 증상은 남성 호르몬 중 하나인 **테스토스테론**의 분비가 줄어들면서 일어납니다. 테스토스테론은 근육 유지, 정자 발육, 간 기능 등에 관련된 중요한 호르몬이며, 남성뿐 아니라 여성에게도 존재합니다.

테스토스테론이 줄어들면 근력저하 · 권태감 · 열감 · 발한 · 성기능 저하 · 빈뇨 등의 신체적 증상, 초조함 · 우울감 · 불면 · 성욕감퇴 등의 정신적 증상이 나타납니다.

안타깝게도 남성의 갱년기 장애는 여성에 비해 인지도가 높지 않습니다. 그래서 의료기관을 찾는 남성은 그리 많지 않습니다.

또한 실제로는 갱년기 장애의 증상인데도, 호르몬 균형의 변화를 의심하지 않고 단순한 노화나 스트레스 탓으로 돌려버리는 경우가 흔합니다. 애초에 남성들은 컨디션이 조금 떨어졌다고 해서 의료기관에 상담하는 것 자체를 부담스럽게 느끼는 경향이 있죠.

경미한 증상이라면 식사와 운동으로 개선 가능

테스토스테론은 스트레스나 불규칙한 생활의 영향을 크게 받는 호르몬입니다. 회사에서 트러블이 생긴 경우 혹은 폭식과 과음을 한 직후에 측정하면, 수치가 심하게 낮은 경우도 드물지 않습니다.

반대로, 악화된 갱년기 증상도 생활 습관을 살짝 개선했더니 해결되는 경우가 많습니다. 특히 식사와 운동 관리가 중요합니다.

식사할 때 중요한 영양소는 **아연**입니다. 남성 갱년기 장애 환자에게는 아연 부족이 자주 관찰됩니다. 아연은 갱년기 장애와 밀접한 관련이 있지요. 아연은 굴에 풍부하며, 그 밖에 바지락, 재첩, 게에도 많이 들어 있습니다. 부족한 느낌이 든다면 영양제로 보충하는 것도 가능합니다.

비타민 D가 풍부한 연어나 등푸른생선, 비타민 E가 풍부한 견과류, 양파, 마늘, 브로콜리 등의 채소에도 테스토스테론을 높이는 작용이 있습니다. 반면, 알코올에는 약간의 스트레스 해소 효과가 있지만, 테스토스테론 분비에 과음은 금물입니다.

적절한 운동 역시 빠질 수 없습니다. 추천하는 운동은 **유산소운동**과 **가벼운 근력운동**입니다. 너무 강도 높은 근력운동은 오히려 테스토스테론 수치가 올라가기 힘드니 조심해야 합니다.

그래도 상태가 호전되지 않는다면, 주저 말고 의료기관에 상담하세요. 남성 갱년기 클리닉, 남성 건강 클리닉 외에 비뇨기과에서도 관련 진료를 하고 있습니다. 의료기관에서는 생활 습관에 대해 조언하거나, 한방약을 처방하거나, 주사 치료를 통한 테스토스테론 보충 요법 등을 진행합니다.

089

단식으로 퍼포먼스를 올려라

단식에도 안티에이징 효과가 있습니다. 단식이라는 말만 들어도 '나는 절대 못 할 것 같다', '오히려 몸에 해로운 것 아닌가?' 하고 생각하는 분도 있죠. 하지만 그렇게까지 제대로 된 단식을 할 필요는 전혀 없습니다.

최근에 IT 기업 CEO가 실천하면서 주목을 받은 **'간헐적 단식'**이라면, 큰 무리 없이 시작할 수 있습니다. 단순한 다이어트 방법을 넘어, 뇌 기능 향상이나 업무 퍼포먼스 개선도 바라볼 수 있지요. 다만, 너무 마른 여성이나 지병이 있는 사람에게는 적합하지 않으니 주의가 필요합니다.

당장 실천하기 쉬운 '가벼운 단식'을 추천

간헐적 단식은 일상생활에 가끔씩 단식 요소를 넣어주는 것을 말합니다. '가벼운 단식'이라고 이해해도 좋습니다.

가장 실천하기 쉬운 방법이 바로 **'16:8 방식'**입니다. 16시간 동안 공복 상태를 유지하고, 8시간 동안만 식사가 가능한 방식으로, 아침 식사를 거르기만 해도 실천이 가능합니다.

또 하나 추천하는 방법은 **'5:2 방식'**입니다. 일주일에 5일은 평소와 똑같이 식사하고, 나머지 이틀(연속하지 않은 이틀)은 섭취 칼로리를 크게 줄이는 방법입니다. 남성은 약 600kcal, 여성은 약 500kcal 정도를 기준으로 삼으면 됩니다. 휴일이나 재택근무일에 맞춰 설정하면 실천하기 쉬울 것입니다.

단식의 효과를 높이기 위해서는 수분 보충이 매우 중요합니다. 물, 차, 블랙커피처럼 칼로리가 없는 음료를 적극적으로 마시세요. 이렇게 하면 공복감이 완화될 뿐 아니라, 두통이나 집중력저하를 예방하는 데에도 도움이 됩니다.

단식을 하면 집중력이 높아지고 질병 위험이 낮아진다

처음 단식을 시도하는 경우, 몸이 적응할 수 있도록 단식 시간을 서서히 늘리는 것이 좋습니다. 단식 기간을 마친 후 첫 식사는 양질의 단백질이나 채소, 건강한 지방을 골고루 섭취해야 에너지가 안정적으로 공급되면서 포만감도 오래 유지됩니다.

최근 연구에서는, 단식이 뇌에 미치는 메커니즘도 점점 밝혀지고 있습니다. 특히 **'케톤체'**에 주목해야 합니다. 평소에 뇌는 포도당을 에너지원으로 사용하지만, 단식 상태가 길어지면 체내에 부족해진 탄수화물 대신 간에서 지방산을 분해해 케톤체라는 물질을 합성합니다. 케톤체는 뇌의 새로운 에너지원이 되어 집중력과 기억력 향상에 도움을 주는 것으로 보고되고 있습니다.

또한, 단식을 하면 체내에 축적된 여분의 지방을 분해하기 때문에 고혈압이나 비만을 개선하고, 나아가 심혈관질환 발병을 낮추는 효과도 있습니다.

다양한 효과가 있는 '가벼운 단식'도 사람에 따라서는 오히려 해가 될 수 있으므로 주의가 필요합니다. 어린이나 저체중 환자, 임신부, 제1형 당뇨병 환자, 고도 고혈압 환자들에게는 금물입니다.

090
'언제 운동을 하는가'로 효과를 올려라

우리 몸에는 하루의 리듬을 새기는 '체내시계'가 있습니다. 최근 연구를 통해, 우리 체내에 약 24시간 주기로 리듬을 만들어내는 유전자가 실제로 존재한다는 사실이 발견되었습니다. 이 '시계 유전자'의 메커니즘을 밝혀낸 세 명의 연구자는 2017년 노벨 생리의학상을 받았습니다.

앞서 '**051**'에서 설명했듯이 시계 유전자가 만들어내는 체내시계의 리듬에 맞춰 영양을 섭취하면, 건강 유지와 퍼포먼스 향상에 더욱 효율적입니다. 이와 마찬가지로 체내시계에 맞춰 운동을 하면, 운동 효과를 최대한 끌어올릴 수 있습니다. 그것을 연구하는 영역이 바로 '**시간 운동학**(Chrono-Exercise Science)'입니다.

그렇다면, 언제 어떤 운동을 하면 좋을까요?

아침 걷기가 체내시계를 초기화하는 비결

체내시계에 맞는 운동의 큰 장점 중 하나는, 체내시계 그 자체를 바로잡아준다는 점에 있습니다. 업무와 여러 일정으로 체내시계가 흐트러지기 쉬운 사회인들이 꼭 알았으면 하는 정보입니다.

흐트러진 체내시계를 초기화하려면, **아침에 일어나 햇빛을 받으며 걷는 것**이 가장 효과적입니다. 즉, 밤늦게까지 잠을 못 자는 날이 이어져 체내시계가 저녁형으로 가려고 할 때는 아침 걷기를 하면 됩니다.

아침에 걷기를 하면, 세로토닌 분비를 촉진해주기 때문에 우울감을 완화하고 기분을 밝게 하는 효과도 기대할 수 있습니다.

일반적으로 오전 중에 운동을 하면 체내시계를 앞당기고, 19시부터 22시 사이에 운동을 하면 체내시계를 늦춘다는 사실을 기억하세요. 따라서 밤늦은 시간에 운동을 지속하면 생활 리듬이 저녁형으로 바뀔 가능성이 있으니 주의해야 합니다.

또한, 근력운동을 통해 근육량을 효율적으로 늘리고 싶다면, 몸이 충분히 풀리고 체온도 오른 **저녁 무렵이 효과적**입니다. 실제로 오전보다 오후에 근력운동을 했을 때, 근육량이 늘어 근력이 향상되었다는 보고가 있습니다.

091

남성들도 스킨케어를 습관화해라

중장년 남성들을 중심으로 '나는 **스킨케어** 같은 거 안 해도 돼'라고 생각하는 분들이 많은데, 사회인으로서 외모에 신경쓰는 것은 자연스럽고도 반드시 필요하다고 생각합니다.

피부에 윤기가 나는 사람은 건강하고 생기가 넘쳐 보입니다. 비즈니스 상황에서도 신뢰감을 줄 수 있지요. 외모에 신경을 쓴다는 것은 단순한 안티에이징 대책일 뿐만 아니라, 업무상 운을 가져다주는 역할도 합니다.

피지를 그대로 두면 피부 트러블이 생긴다

제가 스킨케어에 관심을 가지게 된 이유는 어떤 사람 때문입니다. 저보다 조금 위의 세대이면서 스킨케어를 꼭 챙겨서 하는 사람이 있었는데, 그에게 정말 좋은 인상을 받았습니다. 그 사람의 옛날 사진도 봤는데, 비교해보니 차이가 확연하더군요. 스킨케어를 하면 이렇게 인상이 달라지는구나 싶었습니다.

남성의 스킨케어도 기본적으로 여성과 비슷하지만, 남성의 피부 특성을 이해하는 것이 전제되어야 합니다.

가장 큰 특징은 **피지량이 많다**는 점입니다. 여성에 비해 끈적끈적해지거나 번들거리기 쉬운데요. 얼굴 표면에 나온 피지를 그대로 두면, 피지가 산화되어 피부에 악영향을 미칠 수 있습니다. 수분과 탄력이 저하되어 피부 트러블, 주름, 처짐의 원인이 될 수 있지요.

또한 잦은 **면도**나 자외선 차단에 무신경한 사람들이 많아서 피부 건조를 비롯한 다양한 피부 트러블이 발생하기 쉽다는 것도 남성 피부의 특징입니다.

스킨케어를 할 때는 각자 피부에 맞는 제품을 사용하세요.

세안 후에는 그대로 두지 말고 수분을 보충하자

스킨케어의 기본은 **매일 세안**입니다. 남성은 여성보다 피지량이 많기 때문에 세안은 무조건 해야 하지요. 아침과 저녁은 물론, 집에 돌아오면 피부에 쌓인 피지, 땀, 먼지 등을 깨끗이 씻어내세요. 특히 피지가 많은 미간부터 코 주변은 정성들여 세안하는 것이 좋습니다. 피부가 건조한 사람은 피부에 손상이 가지 않도록 부드럽게 씻어내세요. '세수를 하긴 하는데, 그것 말고는 아무것도 안 해'라는 사람도 많을 텐데, 그대로 방치하면 피부가 건조해집니다. 세안을 하면 피부의 노폐물과 함께 필요한 피지나 촉촉함을 지켜주는 성분까지 다 씻겨 나가기 때문에 건조해지기 쉽거든요. 그대로 두어 피부가 건조해지면, 피부 표면의 보호 기능이 저하되고, 외부 자극에 취약해져 피부 트러블이나 염증의 원인이 될 수 있습니다.

세안 후에는 **토너나 보습 크림**을 발라 피부에 수분을 공급해주세요.

원래 피부가 건조한 사람은 물론, 공기가 건조한 계절에는 로션이나 에센스를 같이 발라주는 것이 좋습니다. 스킨케어 초보자들은 토너나 에센스 성분이 한꺼번에 들어 있는 올인원 젤 등을 사용하면 편리합니다.

092

여성도 근력운동을 습관화해라

최근에는 근력운동을 하는 여성들이 늘고 있는데, 아직은 많지 않아 보입니다. 하지만 **여성이야말로 근력운동을 해야 합니다**.

다이어트를 해도 살이 잘 빠지지 않거나 저녁만 되면 자꾸 붓는 것은 근육량이 적기 때문일 수도 있습니다. 또한 근육량이 적으면 면역기능이 저하되어 감염증에 걸리기 쉬워집니다.

반면 근력운동을 하면 뇌에서 엔도르핀이 분비되어 기분이 상쾌해지고, 정신적으로 안정되는 효과도 있습니다. 근력운동은 체내에서 이루어지는 안티에이징이므로 그야말로 여성에게 적합한 운동입니다.

그런데도 근력운동을 싫어하는 여성이 적지 않습니다. 바로 **'근육질 몸이 되기 싫어'**라는 이유 때문이지요. 하지만 안심해도 됩니다. 근력운동을 해도 여성은 생리학적으로 그렇게 쉽게 근육질이 되기는 어렵습니다.

근력운동은 체내에서 이루어지는 안티에이징

근력운동을 해서 근육을 발달시키는 열쇠는 남성 호르몬 중 하나인 테스토스테론이 쥐고 있습니다. 이 호르몬이 있어서 남성이 근력운동을 하면 근육질이 되는 것이지요. 하지만 여성의 몸에 있는 테스토스테론의 양은 남성의 약 10분의 1에 불과합니다. 그래서 근력운동을 해도 쉽게 근육이 생기지 않습니다.

물론, 보디빌딩 대회를 보면 근육질 여성들도 등장합니다. 하지만 그 정도까지 가려면 엄청난 운동량뿐만 아니라 영양 면에서 눈물겨운 배려와 고생이 반드시 필요합니다.

테스토스테론의 분비량이 높은 남성조차도 근육을 키우려면 상당한 노력이 필요합니다. 하물며 여성의 경우는 그 노력이 이만저만이 아닐 것입니다. 따라서 안심하고 근력운동을 해도 됩니다. 그렇게 하면 **적당히 근육이 생기면서 대사가 올라가기 때문에 지방을 쉽게 태우는 몸**으로 변하게 됩니다.

또한 나이가 들어도 병에 걸릴 확률이 낮아지고, 골다공증의 위험도 줄어들 가능성이 있습니다. 진정한 의미의 안티에이징은 근력운동을 통해 가능해지는 것입니다.

CHAPTER 12

몸의 통증을 케어하고 싶어요

허리, 어깨, 목, 무릎의 통증과 불편함을 없애자

093
계속 같은 자세로 있지 말아라

몸에 통증이 있으면, 육체적으로나 정신적으로 큰 스트레스가 생깁니다. 통증관리는 건강을 유지하는 것은 물론, 업무 성과를 향상시키는 데 반드시 필요한 요소입니다.

몸의 통증 중에서 가장 많은 것이 **요통**입니다. 그러나 대부분의 경우, 병원에서 검사를 해도 정확한 원인을 찾아낼 수 없는 경우가 많습니다. 중요한 것은 평소에 허리에 부담을 주지 않도록 생활하는 것입니다. 데스크 업무를 할 때도 신경써서 가끔씩 자세를 바꿔주어야 합니다.

30분마다 자세를 바꿔 근육을 풀자

대한민국 국민의 80%가 요통을 겪고 있다고 합니다. 국민질환이라고 불릴 정도로 주변에서도 요통을 호소하는 이가 많습니다. 일본 정형외과 학회에 따르면, 요통을 겪고 있는 일본인은 약 3천만 명입니다. 40대에서 60대로 한정해 보면, 2명 중 1명이 요통에 시달리고 있다고 합니다.

그러나 요통 때문에 병원에서 검사를 받아도 원인을 짚어낼 수 있는 경우는 약 15% 정도입니다. 대부분은 원인을 엄밀하게 특정할 수 없어요.

MRI와 같은 영상 검사를 통해 원인을 알아낼 수 있는 경우는 주로 추간판 탈출증과 척추관협착증입니다. 이런 경우에는 의사의 진단에 따라 치료를 진행하는 것이 중요합니다. 심한 경우에는 수술이 필요할 수도 있지만, 추간판 탈출증 환자 가운데 90%는 저절로 낫는다고 알려져 있으며, 젖은찜질(염증을 가라앉히기 위해 헝겊에 냉수나 더운물 또는 약물을 축이거나 약을 발라서 대는 찜질)로 상태를 지켜보는 동안 통증이 사라지는 경우도 자주 있습니다.

그렇다면 원인을 알 수 없는 요통에는 어떻게 대처해야 할까요? 대부분은 **하반신 근육이 긴장하거나 뻣뻣해서 생기는 혈액순환 장애**가 원인으로, 통증이 발생합니다. 따라서 같은 자세를 오랫동안 유지하지 않는 것이 중요합니다.

컴퓨터로 작업할 때는, 무심코 몇 시간 동안 같은 자세를 유지하는 경우가 많습니다. 최소한 **30분에 한 번**씩은 휴식을 취하고, 의자에서 일어나 잠깐 걷거나 기지개를 켜서 근육을 풀어주세요. 그럴 여유가 없다면, 적어도 자세만큼은 바꿔주세요.

정신적 스트레스 역시 요통과 큰 관련이 있습니다. 최근 들어 그 메커니즘이 밝혀지고 있습니다.

보통은 허리에 약간의 무리가 가더라도, 오피오이드라는 물질이 아픈 감각을 억제해주기 때문에 통증을 덜 느끼게 됩니다. 그러나 정신적 스트레스가 가해지면 체내 호르몬 균형이 깨져서 오피오이드가 분비되기 어렵습니다. 그래서 허리통증이 더 강하게 느껴지지요.

그 밖에도 정신적 스트레스는 근육을 경직시켜 요통을 악화시키는 원인이 됩니다. 허리가 아픈 것 자체를 스트레스로 느끼기도 하지요.

따라서 요통이 심하지 않다면, **산책이나 걷기** 정도의 가벼운 운동으로 스트레스를 풀어주는 것이 좋습니다. 허리가 아프다고 가만히 있으면, 의식이 통증에 집중되어 오히려 스트레스가 더 커질 수 있기 때문입니다.

094
허리 삐끗을 예방해라

무거운 물건을 든 순간, 갑자기 허리에 통증이 찌릿 느껴지는 것이 **허리 삐끗**이라는 이미지가 강할 수 있는데, 대부분 그것은 단지 계기일 뿐입니다. 그때까지 **허리 근육에 이미 큰 부담**이 쌓여 있었던 것이 진짜 원인이지요.

근육에 누적된 피로가 허리 삐끗의 진짜 원인

사실 '허리 삐끗'이라는 이름의 질병은 없습니다. 엄밀히 말하면, 급성 요통의 일종으로 분류됩니다. 일상생활을 보내던 중에 무거운 물건을 들거나 갑자기 자세를 바꾸려고 할 때, 갑자기 '삐끗' 하는 충격이 근육에 전달되면서 몸이 잘 움직이지 않는 것이지요.

물론 허리 삐끗을 경험한 사람들은 저절로 알게 됐겠지만, 나중에 돌이켜보면 육체적·정신적 피로가 쌓여 있을 때 일어난다는 특징이 있습니다.

피로가 쌓이면서 허리 근육이 경직되고, '이제 이 이상은 못 버티겠다'라는 한계점을 넘은 순간에 허리를 삐끗하게 되는 것입니다.

일단 허리를 삐끗했다면, 잠깐 안정이 필요합니다. 하루이틀 정도는

최대한 몸을 움직이지 말고, 증상이 안정되면 서서히 움직여보는 것이 좋습니다.

허리 삐끗의 특징은 재발이 잦다는 점인데, 이는 생활 습관을 바꾸지 않았기 때문에 발생하는 문제입니다. 통증이 사라졌다고 해서 같은 자세로 몇 시간씩 컴퓨터 작업을 계속하면, 재발할 가능성이 높습니다.

한 번 허리를 삐끗한 경험이 있으면, 근육이 뻣뻣해졌을 때 '슬슬 위험하겠는데?'라는 감각을 알게 될 것입니다. 그 시점에서 휴식을 제대로 취하는 것이 재발을 방지하는 중요한 포인트입니다.

재발을 방지하려면 기분 전환으로 운동과 입욕을 하자

허리 삐끗은 같은 자세를 계속 유지하는 것 말고도, **자율신경의 불균형**이 그 배경에 있습니다. 현대의 사회인들은 강한 스트레스를 받으며, **하루 종일 교감신경이 우위에 있는 상태가 계속 이어집니다.** 교감신경은 몸을 활동 상태로 만드는 작용을 하는데, 이 상태가 밤까지 지속되면 근육이 과도하게 긴장해서 허리를 삐끗하기 쉽습니다.

특히 컴퓨터나 스마트폰 화면을 계속 보고 있으면, 교감신경이 자극받아 밤에도 쉽게 잠들지 못합니다. 그 결과, 수면이 부족하거나 수면의 질이 떨어지게 되고, 나아가 자율신경의 균형이 무너질 수 있습니다.

허리를 삐끗하지 않도록 예방하려면, 그러한 악순환을 끊어야 합니다. 그러려면 기분 전환을 위한 **적당한 운동을 하거나 잠자기 전에 입욕**하는 것을 추천합니다. 39~40℃ 정도 되는 뜨겁지 않은 물에 약 15분 동안 몸을 담그면, 심신의 긴장이 풀리고 부교감신경이 우위에 오르게 됩니다. 단, 물이 너무 뜨거우면 교감신경이 자극받아 역효과가 나타날 수 있으니 주의하세요.

또한 허리 삐끗 예방을 위해 질 좋은 수면을 충분히 취해야 합니다.

추간판 탈출증이나 척추관협착증 때문에 갑자기 허리에 통증이 느껴지는 경우가 있습니다. 그런데 허리뿐만 아니라 다리 전체가 저리거나 통증이 있다면, 단순한 허리 삐끗이 아닐 수 있습니다. 전문의에게 진찰을 받아보세요.

095
어깨결림을 예방해라

요통과 함께 '국민병'이라고 할 수 있는 것이 바로 **어깨결림**입니다. 어깨결림을 가볍게 여기면, 증상이 악화되어 팔 저림이나 자율신경의 불균형을 초래하며, 업무 성과가 크게 떨어질 수 있습니다. 따라서 증상이 가벼울 때 미리 대처하는 것이 중요합니다.

근력 약화가 어깨결림의 큰 원인

어깨결림의 원인은 크게 **근력 부족**, **혈액순환 불량**, **정신적 스트레스**까지 세 가지로 나눌 수 있으며, 여러 원인이 겹쳐 발생하는 경우도 자주 있습니다. 근력 부족으로 인한 어깨결림은 머리와 팔의 무게를 지탱하지 못하는 것이 원인입니다. 우리의 머리는 약 5~6kg, 팔은 한 쪽당 약 2~3kg의 무게가 나가며, 이를 목과 어깨 등 많은 근육이 균형 있게 지탱하고 있습니다. 그러나 근력이 약해지면 이 균형이 무너지고, 특정 근육에 과도한 부담이 가해집니다. 이것이 결리고 아픈 원인이 되는 것입니다.

특히 여성은 근력이 부족한 경우가 많습니다. 근육의 불균형은 어깨결림뿐만 아니라 요통에도 영향을 미칩니다.

마사지도 어느 정도 효과가 있다

혈액순환 불량으로 생긴 어깨결림은 어깨 주변의 **근육을 잘 움직이지 않아서** 발생합니다. 근육의 혈액순환이 나빠지면, 노폐물이 제대로 배출되지 않아 어깨가 결리는 것입니다.

혈액순환 불량을 막으려면, 어깨를 중심으로 **팔을 크게 돌리는 동적 스트레칭**이 효과적입니다. 데스크 업무 중에 짬이 났을 때 이 스트레칭을 해주면 좋습니다. 저도 과거에 어깨결림에 시달린 적이 있었는데, 근력 운동과 더불어 어깨 주변 근육을 의식적으로 움직여서 해결했답니다.

어깨결림은 요통과 마찬가지로 정신적 스트레스가 원인일 때도 일어납니다. 기분 전환을 위한 운동, 취미 활동, 입욕 등으로 대책을 마련하세요.

어깨결림을 해소하는 방법으로 **마사지**도 효과적입니다. 확실히 마사지는 대증 요법이기 때문에 근본적인 해결책은 아니지만, 혈액순환을 개선하고 이완을 도와 스트레스를 어느 정도 해소하는 효과는 있습니다.

096
팔이 올라가지 않으면 사십견을 의심해라

어느 날 갑자기 어깨 관절 부근에 강한 통증이 일어나, **팔이 수평보다 더 이상 올라가지 않는 경우**가 있습니다. 40대에서 60대에 이와 같은 현상이 나타난다면, 사십견(오십견)을 의심할 수 있습니다. 사십견은 전문적으로 '**어깨관절주위염(견관절주위염)**'이라고 불리는 질환입니다. 그러나 X선 촬영을 해도 뚜렷한 이상이 나타나지 않는 경우가 대부분입니다.

노화, 운동 부족, 장시간의 데스크 업무가 위험으로

사십견의 원인은 어깨 관절의 구조와 관련있습니다. 상완골의 뼈는 구형을 띠고 있으며, 그 뼈가 견갑골의 움푹 들어간 부분에 쏙 들어가는 구조로 되어 있어, 팔을 위아래, 좌우, 전후로 자유롭게 움직일 수 있습니다. 이 두 뼈가 접촉하는 부분에는 인대와 막이 존재하는데, 건강한 상태에서는 이들이 느슨해져 공간적 여유가 있기 때문에 팔을 부드럽고 크게 움직일 수 있습니다. 그런데 어떤 이유로 어깨 관절 주위에 염증이 생기면 통증이 발생하고, 게다가 인대와 막이 굳으면서 팔의 가동 범위가 좁아집니다. 이것이 바로 사십견입니다.

사십견의 원인은 아직 확실히 밝혀지지 않았지만, 나이와 운동 부족을 원인으로 생각할 수 있습니다. 특히 오랜 시간 데스크 업무를 하면서 어깨 주변의 근육이 경직되는 것이 큰 원인으로 추측됩니다.

사람에 따라 증상의 정도는 다르지만, 팔을 움직이기만 해도 통증이 발생하고, 팔을 수평 이상으로 올릴 수 없게 되는 것이 전형적인 증상입니다. 상완부에 통증이 생기는 경우도 있습니다. 그로 인해 일상생활에 지장을 받지요.

대부분의 경우는 **6개월에서 1년 정도 지나면 자연스럽게 나아지기** 때문에 필요 이상으로 걱정하지 않아도 됩니다. 다만, 5년 이상 증상이 지속되거나 관절이 굳어버려 삐걱대는 경우도 있지요. 평소에 어깨 주변 근육을 스트레칭으로 부드럽게 풀어 예방하는 것이 좋습니다.

어깨를 움직이는 스트레칭이 예방과 회복에 효과적이다

사실 저는 지금까지 사십견과 비슷한 증상이 없었습니다. 오랜 운동 습관이 그것을 예방했을 가능성이 있다고 보이는데요. 일상적으로 어깨 관절을 움직이는 습관이 있으면, 어깨 관절의 유연성이 유지되기 때문에 예방에 도움되는 것으로 추측됩니다.

사십견에서 회복하려면 시간이 필요하지만, **급성기·만성기·회복기**에 맞춰 적절한 대응을 하면 빠른 회복을 기대할 수 있습니다.

처음 2주에서 2개월 정도는 '급성기'로, 안정했을 때나 잠잘 때도 통증이 발생합니다. 이때는 최대한 팔이나 어깨에 무리를 주지 않도록 하세요. 아픈 부위는 차게 하지 말고 따뜻하게 해주는 것이 좋으며, 입욕은 해도 괜찮습니다.

급성기를 지나면, 점차 통증이 가벼워지는 '만성기'로 들어갑니다. 일상생활은 가능해지지만, 어깨의 움직임은 바로 돌아오지 않습니다. 통증이 없는 범위에서 팔을 천천히 뻗거나 돌리는 체조를 하면 좋습니다.

통증이 거의 사라지면 '회복기'입니다. 팔을 적당히 움직이면서 어깨의 가동 범위를 점차 회복하세요.

097
무릎 통증은 움직이면서 대책을 세워라

나이가 들면서 무릎 통증을 호소하는 사람이 늘어납니다. 침대에서 일어나거나 의자에서 일어났을 때 무릎에 불편함이 느껴진다면, 그것은 '**퇴행성 무릎관절염**'의 초기 증상일 수 있습니다. 일반적으로 50대부터 증상이 나타나지만, 최근에는 30~40대부터 가벼운 증상이 나타나기 시작하는 사람이 늘었습니다. 이러한 배경은 운동 부족이라고 생각됩니다.

무릎 연골의 마모가 통증의 원인

우리의 무릎은 걸을 때마다 온몸의 무게를 떠받치며 큰 충격을 받게 됩니다. 그러나 젊을 때는 무릎에 큰 힘이 가해져도 통증을 느끼는 일은 없습니다. 그 이유는 무릎 연골, 반월상 연골, 그리고 주변 근육들이 충격을 흡수해주기 때문입니다.

그중에서도 **무릎 연골**은 다리 위아래의 뼈끝을 덮고, 쿠션 역할을 하는 중요한 부위입니다. 하지만 40대가 지나면 무릎 연골은 조금씩 마모되기 시작합니다. 결국, 무릎 연골이 닳아서 쪼그라들면, 뼈와 뼈가 직접 맞닿게 되어 통증이 발생합니다. 이것이 바로 퇴행성 무릎관절염의 메커니즘입니다.

무릎 통증은 단순히 몸의 일부가 아픈 데서 그치지 않습니다. 무릎이 아프면 걷는 것도 귀찮아져 운동이 부족하게 되고, 결국 근력 약화와 이동 기능 저하를 초래하는 **'로코모티브 신드롬'**으로 이어질 수 있습니다. 만약 이미 무릎에 통증이 시작되었다면, 가능한 범위 내에서 움직이도록 신경을 써야 합니다. 무릎이 아프다는 이유로 몸을 움직이지 않고 가만히 있으면, 근력이 떨어져 오히려 퇴행성 무릎관절염이 악화될 수 있습니다.

하체 근력을 단련하자

퇴행성 무릎관절염을 예방하려면, 젊을 때부터 의식적으로 다리 근육을 단련하는 것이 중요합니다. 비만 역시 퇴행성 무릎관절염의 원인 중 하나입니다. 체중이 늘면, 그만큼 무릎에 가해지는 부담이 커지기 때문이지요.

무릎 주변 근육을 강화하기 위해서는 **스쿼트**가 가장 좋습니다. 스쿼트를 통해 대퇴사두근·햄스트링·대둔근 등을 단련하면, 무릎에 가해지는 충격이 완화되어 무릎 연골 손상을 예방할 수 있습니다.

098

목이 잘 돌아가지 않는다면 '경추증'을 의심해라

어깨결림은 대부분이 경험하는 흔한 증상이라서 종종 가볍게 여겨지곤 합니다. 그러나 어깨결림이 만성화되고 악화되면, 목의 통증이 참을 수 없을 만큼 심해질 수 있습니다. 그것이 바로 **'경추증'**이라는 질환의 첫 번째 단계입니다.

경추란 척추(등뼈) 중에서 목 부분에 연결되는 7개의 뼈를 말합니다. 이 부위의 상태가 좋지 않을 때, 아프거나 저리는 등의 증상이 나타나는 병이 경추증입니다. 노인층에서 많이 발생하지만, 30대부터 증상이 나타나는 경우도 적지 않습니다.

목근육의 경직이 경추증의 시작

경추증은 노화·생활 습관·나쁜 자세 등이 원인으로, 근육 경직에서 시작됩니다. 심해지면 뼈와 연골이 변형되고, 그것이 신경을 압박하면서 **아프거나 저리는 현상**이 나타납니다. 어깨결림은 바로 그 초기 단계라고도 할 수 있습니다. '고작 어깨결림이 뭐라고'라며 방치하면 중증의 경추증으로 발전할 가능성이 있으므로, 초기 단계에 해결하는 것이 중요합니다.

'항상 어깨와 목이 뻐근하다', '목을 움직이면 아프다', '목이 당기는 느낌이 든다', '목을 돌리면 뚝뚝 소리가 난다' 등의 자각 증상이 있는 사람은 주의가 필요합니다. 자각 증상이 없더라도, 목근육이 경직될 가능성이 있습니다. 경직되어 있는지 확인하려면, 목을 좌우로 돌릴 수 있는지를 확인해보세요. 방법은 거울을 뒤에 두고 서서, 상체를 움직이지 않고 목만 거울 쪽으로 돌려보는 것입니다. 최대한 목을 돌린 후, 거울에 자신의 얼굴이 어떻게 비치는지 확인합니다. 반대편도 같은 방법으로 해보세요.

만약 목근육이 경직되어 있다면, 목을 돌릴 수 있는 각도가 90도 이하로 작아지며, 거울로 자신의 얼굴을 확실하게 확인할 수 없습니다. 또한, 이때 **스마트폰을 셀카 모드로 설정해 촬영하면, 좌우 차이가 얼마나 나는지 비교하기 쉽습니다.**

스마트폰을 볼 때는 자세에 주의하자

경추증을 예방하려면, 목에 가해지는 부담을 줄이는 것이 가장 중요합니다. 그러려면 자세가 곧아야 하겠지요. 등을 곧게 펴고 얼굴을 들어 목과 허리의 자연스러운 곡선을 유지하면, 목과 어깨의 특정 근육에 과도한 부담이 가는 것을 막을 수 있습니다.

컴퓨터나 스마트폰을 볼 때는 눈의 시선을 너무 아래로 떨어뜨리지 않도록 하세요. 특히 스마트폰을 볼 때 **자세가 구부정해지는 사람은 주의**해야 합니다. 계속 그 자세를 유지하면, 목에 큰 부담이 가니까요.

데스크 업무가 이어질 경우에는 30분에 한 번씩 목을 천천히 좌우로 돌리거나, 좌우로 기울이거나, 어깨를 앞뒤로 돌려 목과 어깨의 근육을 풀어주세요.

099
하체를 근력운동으로 단련해라

나이가 들면 '여기가 쑤시네', '저기가 쑤시네' 하며 관절 곳곳에 통증이 생기게 마련입니다. 특히 **무릎과 고관절**통증이 많습니다.

무릎과 고관절에 통증이 생기면 몸을 움직이기가 싫어지는 탓에 집에 틀어박혀 꿈쩍도 하지 않게 되니 참 골치 아픕니다. 이를 방지하기 위해서는 하체 근육을 미리 단련해두는 것이 중요합니다.

관절의 통증을 예방하는데 왜 근육을 단련해야 하는지 의아할 수 있겠지만, 사실 매우 중요합니다.

원래 관절은 뼈와 뼈의 연결 부위이기 때문에 관절 자체를 직접 단련할 수는 없습니다. 그런데 주변 근육을 단련하면, 무릎이나 고관절에 가해지는 부담을 줄일 수 있습니다. 그렇게 하면 나이가 들면서 관절의 연골이 마모되는 속도를 늦출 수 있는 것입니다.

스쿼트보다 강도가 센 런지

하체 근육운동으로는 스쿼트를 추천합니다. 스쿼트는 허벅지 앞쪽에 있는 대퇴사두근, 허벅지 뒤쪽에 있는 햄스트링, 엉덩이의 대둔근 등 하체에 있는 큰 근육을 한꺼번에 단련할 수 있습니다. 그래서 스쿼트를

'운동의 왕'이라고 하는 것입니다.

양쪽 다리로 하는 스쿼트는 초보자들도 비교적 쉽게 도전할 수 있는 운동입니다. 하지만 익숙해지면, 강도가 그렇게 세지 않아진다는 문제점이 생깁니다. 헬스장에서 바벨을 짊어지고 하는 경우는 다르지만, 자기 체중을 중량으로 사용하는 자중 운동에서는 양쪽 다리로 하는 스쿼트의 강도를 세게 하기는 어렵습니다.

그래서 근력운동에 익숙해진 사람에게는 한쪽 다리에 부하를 집중시키는 **'런지'**를 추천합니다. 여기서는 **프런트 런지** 방법을 소개하겠습니다.

① 양손을 허리에 대고 똑바로 선 뒤, 한쪽 다리를 크게 앞으로 내디딘다
② 내디딘 다리의 무릎이 90°가 되도록 앉았다가, 그 다리로 바닥을 밀어 원래 자세로 돌아온다
③ 좌우 10번씩(익숙해지면 20번씩), 2세트 반복한다

런지를 할 때는 앞쪽으로 내미는 무릎이 발끝보다 앞으로 나오지 않게 하세요. 또한, 앞쪽 무릎이 안쪽을 향해서도 안 됩니다.

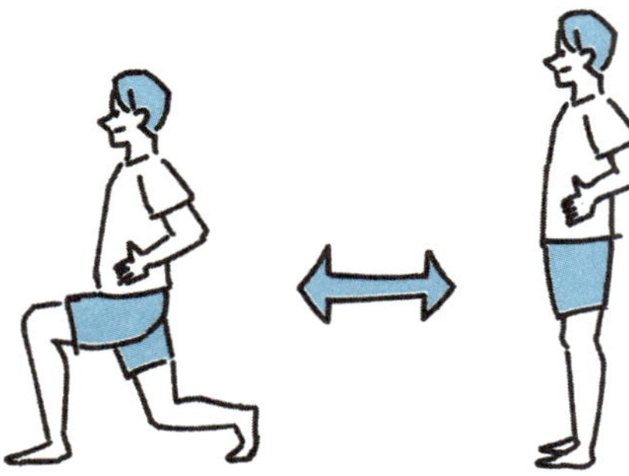

프런트 런지와 반대로, 한쪽 다리를 뒤로 빼는 **백 런지**도 있습니다. 이 운동은 허벅지 관절 부분에 있는 **장요근**을 늘려주는 효과도 있습니다. 프런트 런지와 백 런지를 병행하면 균형 잡힌 근력 향상을 기대할 수 있습니다.

근육운동을 습관화하고 싶은데 바쁜 일정 때문에 헬스장에 갈 시간이 없다면, 이 두 가지 런지를 일상에 꼭 넣어보세요.

EPILOGUE

에필로그

내 시간을 어떻게 쓰느냐가
성과를 정한다

100
여유 시간은 ○○에 써라

수면, 입욕, 식사, 운동, 멘탈…. 이 책에서는 다양한 장르의 휴식에 대해 소개했습니다. 자신에게 잘 맞는 휴식이 있었나요?

자신만의 방식으로 응용하는 것이 요령입니다.

예를 들어, 바쁘면 수면 시간이 불규칙해지는 사람은 원래 주말에 잠을 몰아서 자면 체내시계가 흐트러져 그리 좋은 방법은 아니지만, 정신적으로 충전이 된다면 휴일에 마음껏 자는 것도 괜찮을 수 있습니다.

식사도 마찬가지입니다. 매일 먹는 끼니 중에 '80%'는 영양 균형을 생각해서 건강한 식사를 신경쓰고, 나머지 '20%'는 **좋아하는 음식을 먹어도** 괜찮습니다. 허물없는 친구와 주기적으로 만나 모임을 마음껏 즐겼을 때 일상 업무에 활력이 생긴다면, 그보다 좋은 방법은 없겠지요.

다음 업무를 위한 '활력'을 얻자

휴식을 실천하면, 쓸 수 있는 여유 시간이 늘어납니다. 몸 상태가 좋지 않아 일을 하지 못하는 시간이 줄어들고, 집중력이 높아져 생산성이 올라가기 때문에 일에 드는 시간이 전보다 짧아지지요. 개인적으로는 기존에 비해 여유 시간을 **'2배'**까지 늘릴 수 있지 않을까 생각합니다. 꼭 실천해보세요.

그런데 자신이 쓸 수 있는 시간이 2배가 된다면, 여러분은 그 시간을 어떻게 사용하고 싶은가요?

예전에는 여유 시간이 늘어나면 일에 더 많이 투자하려는 사람이 많았던 것 같습니다. 아니면 자기 계발을 위해 자격증 공부를 하기도 했었지요. 하지만 그렇게 되면 새로운 피로가 생길 가능성이 있고, 결국 말짱 도루묵이 됩니다.

저는 여유 시간은 **활력을 얻는 데에 쓰는 것**이 이상적이라고 생각합니다. 다음 업무를 위해 천천히 몸을 쉬게 하는 것도 좋고, 취미 활동에 충분히 시간을 쓰는 것도 좋습니다. 가족이나 지인들과 즐겁게 보내는 것도 좋습니다.

정신적으로 재충전이 되면서도 육체적 피로는 남지 않는 균형 잡힌 활동을 찾는 것이 중요합니다. 예를 들어, '**덕질**'도 좋겠지요. 하지만 최애를 응원하기 위해 주말에 원정을 떠나 토요일과 일요일을 꽉 채워서 사용했다가 오히려 피로가 쌓이는 경우도 실제로 있습니다.

즉, 일의 스케줄을 고려하면서 상황에 맞게 시간을 쓰는 것이 중요합니다.

마지막으로, 이 책을 집필하는 과정에서 사회인 지인들에게 많은 아이디어와 힌트를 얻었습니다. 이 자리를 빌려 감사의 말씀을 전하고 싶습니다.

특히 기타노 유이가 씨에게는, 책 카피로 멋진 추천의 말을 받았습니다. 그리고 산부인과 의사인 아내 미와 아야코 씨는, 'CHAPTER 10 생리의 고통을 케어하고 싶어요'를 감수해주었습니다. 진심으로 감사

드립니다.

독자 여러분이 휴식을 활용해 행복한 시간을 보내시길 기원합니다!

가토 히로아키(加藤 浩晃)
디지털 할리우드 대학 대학원 특임 교수
도쿄과학대학 의학부 임상 교수
아이리스 주식회사 공동 창업자 및 대표이사 부사장 CSO

뇌가 편해지는 최고의 휴식법

초판 1쇄 인쇄 | 2026년 1월 20일
초판 1쇄 발행 | 2026년 1월 27일

지은이 | 가토 히로아키
펴낸이 | 박찬근
펴낸곳 | 빅마우스출판콘텐츠그룹
주 소 | (10550) 경기도 고양시 덕양구 삼원로 73 한일윈스타 1422호
전 화 | 031-811-6789
팩 스 | 0504-251-7259
메 일 | bigmouthbook@naver.com
본 문 | 미토스
표 지 | 뿌리

ISBN 979-11-92556-57-4 (03320)